Niko 4

Sachbuch

Erarbeitet von
Julia Birchinger (Baden-Württemberg)
Hermann Krekeler (Niedersachsen)
Sarah Limberg (Nordrhein-Westfalen)
Anne Rommel (Baden-Württemberg)
Anna Urakov (Thüringen)

Unter Beratung von
Bettina Steven (Niedersachsen)

Ernst Klett Verlag
Stuttgart · Leipzig

Inhalt

Gesellschaft 5–30

Zusammen leben 5
Aufgaben in einer Gemeinde	6
Ämter in einer Gemeinde	7
Ein Projekt – viele Meinungen	8
Das Schülerparlament	9
Wer hat Macht?	10
Wann ist man stark?	11
Was ist Heimat?	12
Menschen verlassen ihre Heimat	13
So kannst du weiterarbeiten	14

Medien 15
Zeitung	16
Werbung	18
Kauf mich! Ich bin neu, schön, gelb und lecker ...	19
Sicheres Profil	20
Sei fair im Netz!	21
So kannst du weiterarbeiten	22

Arbeit und Konsum 23
Der lange Weg der Jeans	24
Wie wird Milch hergestellt?	26
Abfall ist nicht gleich Müll	28
Nachhaltig handeln – Umwelt schützen	29
So kannst du weiterarbeiten	30

Natur 31–58

Pflanzen und Tiere 31
Bewohner des Waldes	32
Die Stockwerke des Waldes	34
Bäume bestimmen	35
Die Rote Waldameise	36
Das Wildschwein	37
Pilze	38
Getreide	39
Getreidearten	40
Vom Korn zum Nahrungsmittel	41
Tiere auf der ganzen Welt	42
Brummende Bären und fröhliche Füchse	44
Umweltverschmutzung und ihre Auswirkungen	45
So kannst du weiterarbeiten	46

Körper und Gesundheit 47
Fit durch den Tag	48
Typisch Mädchen – typisch Junge?	49
Mein Körper verändert sich	50
Du bestimmst über dich	52
Geheimnisse	53
Zittern oder kichern?	54
Ein Baby entsteht	55
Das Baby vor der Geburt	56
Die ersten Monate nach der Geburt	57
So kannst du weiterarbeiten	58

Niko

Hugo

Naturphänomene 59–74

Die Erde und ihr Klima 59
Unsere Erde – ein besonderer Planet 60
Klimazonen der Erde 62
So kannst du weiterarbeiten 64

Feuer 65
Experimente mit Feuer 66
Feuer früher – Feuer heute 68
Achtung, Brandgefahr! 70
Wenn es brennt 71
Feuerwehr im Einsatz 72
Feuer und Flamme sein für Feuer-Wörter 73
So kannst du weiterarbeiten 74

Technik 75–92

Energie 75
Energie, was ist das? 76
Endliche und unendliche Energie 77
Urkraft Sonne 78
Clevere Energiesparer 79
Die Kraft von Wind, Wasser und Sonne nutzen 80
Der elektrische Stromkreis 82
Heißer Draht 83
Energie lässt sich umwandeln 84
Energie speichern 85
So kannst du weiterarbeiten 86

Bauen und konstruieren 87
Fahrzeuge aus Alltagsmaterialien bauen 88
Wie funktioniert ein Schloss? 90
Kurbel-Antrieb 91
So kannst du weiterarbeiten 92

Zeit und Wandel 93–102

Wie es früher war 93
Leben im Mittelalter 94
Auf der Burg 96
Spuren aus dem Mittelalter 97
Die Ritter 98
Kinder im Mittelalter 99
Gab es Hexen im Mittelalter? 100
Typisch Märchen! 101
So kannst du weiterarbeiten 102

Mobilität und Raum 103–128

Unterwegs im Verkehr — 103
- Entwicklung des Fahrrades — 104
- Das Fahrrad prüfen — 106
- Verkehrsregeln und Verkehrszeichen — 107
- Sicher im Straßenverkehr — 108
- Verkehrsmittel — 110
- Ohren auf für Geräuschwörter! — 111
- So kannst du weiterarbeiten — 112

Wo wir leben — 113
- Die Erde mit ihren Kontinenten — 114
- Europa — 115
- Bundesrepublik Deutschland — 116
- Bundeshauptstadt Berlin — 117
- Und was sagst du dazu? — 118
- Landkarten verstehen — 119
- Landschaftsformen in Deutschland — 120
- Niedersachsen — 122
- Landeshauptstadt Hannover — 123
- Industrie — 124
- Landwirtschaft — 125
- Ostfriesland und die Ostfriesischen Inseln — 126
- Lüneburger Heide — 127
- So kannst du weiterarbeiten — 128

Lernen lernen 129–135

- Diskussion — 129
- Experiment — 130
- Rollenspiel — 131
- Interview/Umfrage — 131
- Ausstellung — 132
- Recherche — 132
- Plakat — 133
- Vortrag — 134
- Feedback — 134
- Mindmap — 135
- Sachzeichnung mit Beschriftung — 135

Bildquellenverzeichnis — 136

Zusammen leben

Aufgaben in einer Gemeinde

In einer Stadt oder einem Dorf leben viele Menschen zusammen in einer Gemeinschaft. Eine Stadt oder ein Dorf nennt man auch Gemeinde. Damit sich alle Menschen wohlfühlen und gut leben können, ist viel zu tun. Deshalb müssen viele Aufgaben geplant, verteilt, überprüft und bezahlt werden. Zur Erfüllung einiger Aufgaben ist eine Gemeinde verpflichtet, zum Beispiel müssen Straßen gebaut und Müll beseitigt werden. Andere Aufgaben sind freiwillig. Die Gemeinde entscheidet, was ihr wichtig ist. Wenn sie genug Geld hat, kann sie diese Aufgaben zusätzlich erfüllen.

1. Betrachte die Bilder. Welche Aufgaben werden erfüllt?
2. Welche dieser Aufgaben sind verpflichtend, welche freiwillig? Vermute.
3. Wofür kann eine Gemeinde noch Geld ausgeben? Finde weitere Beispiele.
4. Stellt euch ein Leben in einer Gemeinde vor, in der keine Aufgaben erfüllt werden. Wie würdet ihr das finden? Diskutiert.
5. Welche Wünsche hast du für eure Gemeinde?

Ämter in einer Gemeinde

Wer sich um die Aufgaben in einer Gemeinde kümmern soll, entscheiden alle Bürger zusammen. Sie wählen die Vertreter, deren Ideen sie gut finden. Die Vertreter mit den meisten Stimmen bilden den Gemeinderat. Bei sehr großen Gemeinden nennt man ihn auch Stadtrat. Wie viele Mitglieder in den Gemeinderat oder Stadtrat gewählt werden, hängt von der Zahl der Bürger ab, die in der Gemeinde leben.

Das Oberhaupt des Gemeinderates ist der Bürgermeister oder die Bürgermeisterin. Er oder sie wird von den Gemeinderatsmitgliedern oder direkt von den Bürgern gewählt.

Stimmzettel
für die Wahl der hauptamtlichen Bürgermeisterin oder des hauptamtlichen Bürgermeisters am 12. September 2018 in der Gemeinde Niesfeld

Sie haben 1 Stimme!		
Name der/ des Kandidierenden, Geburtsjahr, Beruf, Adresse	Parteizugehörigkeit	
1	Andreas Hoppe, 1960, Bürgermeister, Fabelweg 8	SPD	○
2	Klara Müller, 1978, Angestellte, Kastanienallee 28	CDU	○
3	Ferdinand Bruckner, 1964, Malermeister, Asternstraße 76	parteilos	○

Ich habe ein Amt und übernehme Aufgaben für andere. (Gemeinderatsmitglied)

Einwohnermeldeamt Zi. 102
Bauamt Zi. 004
Schulverwaltungsamt Zi. 108
Ordnungsamt Zi. 203
Umweltamt Zi. 206

Ich gehe zum Amt.

1 Von wem wird ein Bürgermeister oder eine Bürgermeisterin gewählt?

2 Das Wort „Amt" kann zwei Bedeutungen haben. Erkläre den Unterschied.

3 Welche Ämter gibt es im Rathaus und was sind ihre Aufgaben? Recherchiere.

Demokratie, Politik, Wahl

Ein Projekt – viele Meinungen

Der Gemeinderat muss eine wichtige Entscheidung treffen. Auf die Fläche des alten Stadtparkes soll ein großes Einkaufszentrum gebaut werden. Die Mitglieder des Gemeinderates diskutieren.

Der alte Stadtpark braucht viel Pflege. Das kostet sehr viel Geld. Das Geld könnte man besser für den Bau des Einkaufszentrums nutzen.

Unser Stadtpark muss erhalten bleiben. Wir brauchen ihn, damit sich die Bürger dort erholen können. Außerdem stehen dort viele alte Bäume.

Könnte man auf einer anderen Fläche neue Bäume pflanzen?

Wir brauchen mehr Geschäfte. Viele Bürger müssen im Moment weit fahren, um einkaufen zu können. Durch den Bau eines Einkaufszentrums wären viele Geschäfte direkt in der Nähe.

1. Beschreibe die Meinungen der Gemeinderatsmitglieder mit eigenen Worten.
2. Was ist deine Meinung? Begründe.
3. Spielt die Gemeinderatssitzung in einem Rollenspiel nach.

Das Schülerparlament

Die Kinder der Niko-Schule treffen sich alle zwei Monate zum Schülerparlament. Aus jeder Klasse ist ein Klassensprecher dabei. Auch die Schulleitung ist eingeladen. Die Klassensprecher bringen Anliegen aus dem Klassenrat mit. Es sind Ideen, Lob oder Probleme, die alle Kinder der Schule betreffen. Die Klassensprecher berichten dann wieder in ihren Klassen, was im Schülerparlament beschlossen wurde.

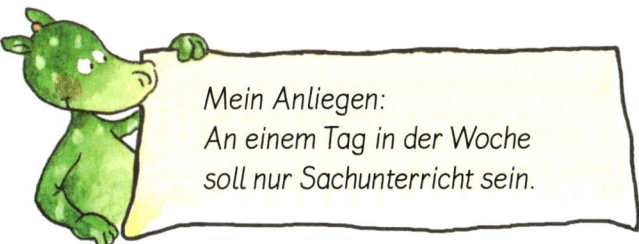

*Mein Anliegen:
An einem Tag in der Woche soll nur Sachunterricht sein.*

Gewusst?
Klassensprecher übernehmen auch ein Amt. Wie ein Gemeinderatsmitglied vertreten sie die Interessen anderer.

1. Betrachte das Bild. Welche Anliegen haben die Klassensprecher zum Schülerparlament mitgebracht?
2. Warum betreffen diese Anliegen alle Kinder der Schule? Begründe.
3. Sammelt Anliegen eurer Klasse, die die ganze Schule betreffen.
4. Welche anderen Parlamente gibt es und was sind ihre Aufgaben? Recherchiere.

Wer hat Macht?

Bevor du zu Emma gehst, räumst du bitte dein Zimmer auf.

Hat Ohnmacht was mit Macht zu tun?

1 Betrachte die Bilder und beschreibe die Situationen. Wer bestimmt, was gemacht werden soll?

2 (Seite 131) Spielt die Situationen in Rollenspielen nach. Wie hast du dich in deiner Rolle gefühlt? Tauscht anschließend die Rollen.

3 Verhalten sich die Personen deiner Meinung nach richtig und fair? Begründe.

4 Wann hast du dich schon mal mächtig oder machtlos gefühlt?

Wann ist man stark?

Alina, 9 Jahre

Alina liebt es, ihren Freunden selbst geschriebene Geschichten vorzulesen. Dies fällt ihr jedoch nicht leicht und sie muss sich sehr anstrengen. Alina kann einige Buchstaben nicht klar und deutlich aussprechen. Die Kinder freuen sich immer auf Alinas Geschichten.

Sie lassen ihr Zeit und hören lange konzentriert zu. Wenn sie ein Wort nicht verstehen, fragen sie nach. Als Alinas Geschichte zu Ende ist, sagt Timo: „Echt stark, Alina!"

Echt stark, Oskar!

Oskar, 10 Jahre

Oskar ist noch nicht lange in der neuen Schule. Viele Kinder finden Oskar toll. Er hat immer einen witzigen Spruch parat. Alle Kinder lachen dann. Nur Kerim nicht. Er findet Oskars Sprüche gar nicht lustig. Häufig sagt Oskar etwas Gemeines über andere Kinder.

Kerim lacht nicht über Oskars Sprüche, deshalb hat Oskar auch schon etwas Gemeines über Kerim gesagt. Das fanden alle lustig. Kerim hat sich einfach umgedreht und ist gegangen. Ein Kind ruft lachend: „Echt stark, Oskar!"

1. Lies die Texte. Gib mit eigenen Worten wieder, was geschehen ist.
2. Welches Kind findet ihr „stark"? Diskutiert.
3. Was bedeutet für dich, „stark sein"? Wann hast du dich schon einmal so gefühlt?

Ich bin stark.

→ AH S. 7, 69

Was ist Heimat?

Heimat kann für jeden Menschen etwas anderes bedeuten. Für viele ist die Heimat der Ort, an dem sie geboren und aufgewachsen sind.
Heimat kann aber auch dort sein, wo man Menschen um sich hat, die einem wichtig sind.
Oder es ist ein Ort, an dem man sich wohl und geborgen fühlt.

Für mich ist Heimat da, wo Hugo ist!

1. Betrachte die Bilder. Woran denken die Kinder?
2. Was haben die Gedanken der Kinder mit Heimat zu tun? Begründe.
3. Was bedeutet Heimat für dich?
4. Kann man auch mehrere Heimatorte haben? Diskutiert.

Menschen verlassen ihre Heimat

Ich heiße Rojda und komme aus Aleppo, einer Stadt in Syrien. Dort ist Krieg und es ist sehr gefährlich. Deshalb sind meine Familie und ich geflüchtet. Wir leben jetzt in Deutschland. Hier ist es sehr schön. Ich habe auch schon Freunde gefunden.

Mein Name ist José und ich komme aus Spanien. Mein Vater hat hier eine neue Arbeit gefunden. Darüber ist er sehr froh. In Spanien war er lange arbeitslos.

Ich heiße Abdikani. In Somalia hatten wir nur sehr wenig zu essen. Es ging uns gar nicht gut. Wir Kinder mussten hart arbeiten, um überleben zu können. Eine Schule konnten wir nicht besuchen.

Ich bin Kathy aus New York. Meine Mutter arbeitet bei einer großen Firma. Das macht ihr viel Spaß. Wir sind nach Deutschland gekommen, damit sie hier für ihre Firma arbeiten kann.

Mein Name ist Ayla. Ich bin in Deutschland geboren, aber wir reisen noch oft in die Türkei. Vor vielen Jahren ist mein Großvater ausgewandert, um hier zu arbeiten. Jetzt lebt meine ganze Familie hier.

1. Aus welchen Ländern stammen die Kinder? Warum haben sie ihre Heimatländer verlassen?
2. Suche auf einer Landkarte die Länder, aus denen die Kinder stammen. Was fällt dir auf?
3. Aus welchen Gründen verlassen Menschen ihre Heimat?
4. Kennst du Menschen, die ihre Heimat verlassen haben? Sammelt Fragen und führt ein Interview.

So kannst du weiterarbeiten

Ein Schülerparlament gründen

Sammelt Ideen für die Gründung eines Schülerparlamentes. Was muss beachtet werden? Tragt euer Anliegen der Schulleitung vor.

Ein Besuch im Rathaus

Unternehmt einen Ausflug ins Rathaus. Bereitet Fragen für ein Interview vor.
- Welche Ämter gibt es?
- Welche Aufgaben haben sie?
- …

Dokumentiert mithilfe von Notizen und Fotos.

Steckbriefe mächtiger Persönlichkeiten erstellen

Gestaltet am Computer Steckbriefe über mächtige Personen. (Politiker, Wissenschaftler …). Legt Oberbegriffe fest, wie zum Beispiel Name, Alter, Beruf …

Flüchtlinge willkommen heißen

Wie kann man Flüchtlinge willkommen heißen und ihnen helfen, sich in ihrer neuen Heimat schnell wohlzufühlen? Sammelt Ideen in einer Mindmap.

Denke weiter

Ist „Macht" immer etwas Schlechtes?

Was würde ich am meisten vermissen, wenn ich meine Heimat verlassen müsste?

Was bedeutet Europäische Union?

Medien

Zeitung

Tag für Tag erscheinen Zeitungen. Sie informieren über aktuelle Ereignisse. In ihnen werden Nachrichten zusammengetragen und ausgewertet. Die Zeitung kann man aber nicht nur auf Papier gedruckt lesen. Viele Menschen lesen sie auch digital.
Um Nachrichten schnell finden zu können, sind Zeitungen in Rubriken eingeteilt, zum Beispiel Politik, Wirtschaft, Kultur, Lokales und Sport.

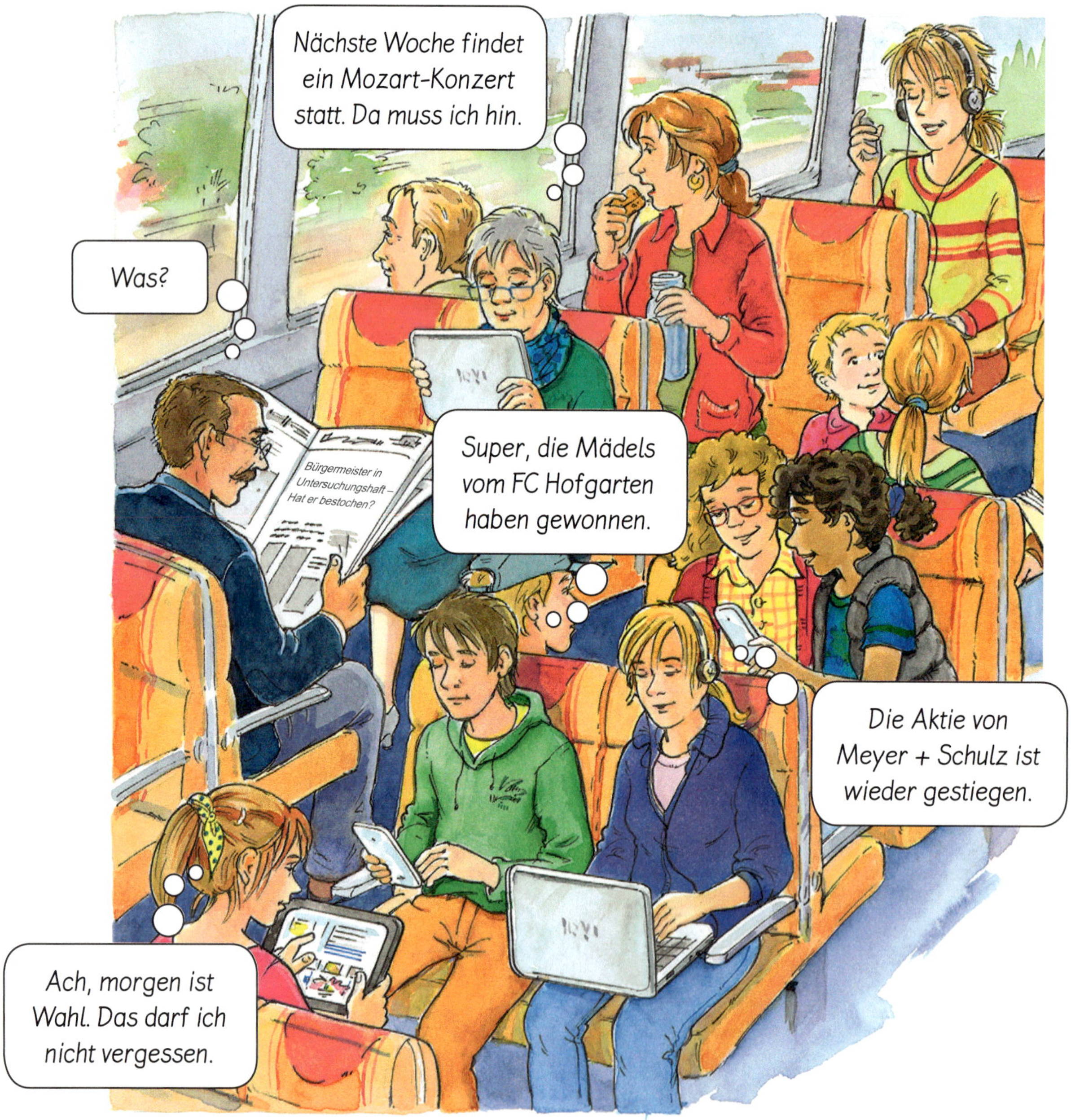

Nächste Woche findet ein Mozart-Konzert statt. Da muss ich hin.
Was?
Bürgermeister in Untersuchungshaft – Hat er bestochen?
Super, die Mädels vom FC Hofgarten haben gewonnen.
Die Aktie von Meyer + Schulz ist wieder gestiegen.
Ach, morgen ist Wahl. Das darf ich nicht vergessen.

1 In welchen Rubriken lesen die Menschen auf dem Bild gerade? Ordne zu.

2 Bringt Tageszeitungen mit. Welche weiteren Rubriken entdeckt ihr?

3 Warum heißt die Tageszeitung „Tageszeitung“?

→ AH S. 9, 70 MK Aufgabe 1, 2, 3

Die erste Seite einer Zeitung nennt man Titelseite. Alle Titelseiten haben einen ähnlichen Aufbau.

Die Schlagzeilen einer Zeitung sollen den Leser zum Weiterlesen anregen.

1. Wie ist die Titelseite aufgebaut?
2. Kannst du die Elemente oben auf der Titelseite deiner Zeitung wiederfinden?
3. Wieso gibt es von vielen Zeitungen auch Online-Ausgaben im Internet?

Werbung

Werbung will dich zum Kauf von Waren anregen. Die Werbefachleute versuchen, dich dafür auf ganz unterschiedliche Art anzusprechen.

1 Das neue H8
- 14,7 cm Display
- Touchscreen
- 12 MP-Kamera
- superschnell dank 2,9 GHz Prozessor
- zwei Jahre Vertragsbindung

Preis: 199,99 €

2 Das neue H8

Nur noch für kurze Zeit zum Sonderpreis von 199,99 €, Schnell zugreifen!*

* Zwei Jahre Vertragsbindung

3 Das neue H8

...oder geht's nicht!

Preis: 199,99 €

1 Welche Gefühle oder welche Gedanken sollen bei den Menschen durch diese Plakate geweckt werden?

2 Vergleiche die Gestaltung der Plakate. Achte dabei auf Schriftgröße, Bilder und Farben. Welches Plakat findest du am besten? Begründe.

3 Wo findest du überall Werbung?

4 Warum gibt es Werbung?

5 Welche Gefühle weckt Werbung in dir? Nenne Beispiele.

Kauf mich! Ich bin neu, schön, gelb und lecker ...

1 Welche Adjektive (Wiewörter) passen zu welchem Produkt? Begründe.

glänzend · modern · elegant · schnell · winddicht

warm · fruchtig · cremig · schnittig · neu · süß

2 Welche Adjektive aus Aufgabe 1 passen zu mehreren Produkten? Warum ist das so?

3 Mit welchen Wörtern würdest du Werbung machen, mit welchen nicht? Begründe.

teuer · schön · gesund · gefährlich · wild · groß · winzig

bunt · kühl · sauber · heiß · einzigartig · preiswert

4 Sammle jeweils vier Adjektive, die zu diesen Produkten passen. Ergänze den Satz. Er soll Kunden dazu bringen, diese Produkte zu kaufen.

Kaufen Sie das neue Mega-Tablet!
Es ist ..., ..., ... und ...

Kaufen Sie das neue Schaumi-Duschgel!
Es ist ..., ..., ... und ...

Sicheres Profil

Über das Internet können Menschen weltweit miteinander Kontakt aufnehmen. Sie können zum Beispiel chatten. Im Chatroom kann sich jeder mit einem Steckbrief vorstellen. Diesen Steckbrief nennt man Profil. Das Profil und die Fotos darin kann jeder im Chatroom sehen.

Wenn du etwas im Netz schreibst, solltest du dir immer die Frage stellen: Möchte ich diese Informationen wirklich mit allen teilen?
Hier siehst du das Profil von Laura.

Name:	Laura Seifert
Geburtstag:	Ich bin 8 Jahre alt.
Wohnort:	Wanderweg 9 30159 Hannover
Schule:	Humboldt-Grundschule in Hannover
Handynummer:	0122-78937892
Hobbys:	ins Kino gehen, am Abend chatten
Das mag ich:	Schwimmen und meine allerbeste Freundin Susi
Das mag ich nicht:	Sport und Max aus der 4a

1. Welche Angaben macht Laura in ihrem Profil?
2. Welche Angaben sollte sie für sich behalten?
3. Entwirf dein eigenes Profil.
4. Welches der Passwörter ist für Laura am sichersten? Begründe.

Laura08   123456   Laui56rA!   LauraSeifert

Merke!
Ein Passwort ist sicher, wenn es mindestens aus einer Zahl, einem Sonderzeichen und aus Großbuchstaben und Kleinbuchstaben besteht. Verwende kein Passwort, das leicht zu erraten ist.

Sei fair im Netz!

... schicke euch ein superpeinliches Video von Max, das ich heimlich aufgenommen habe. So ein Trottel!

Was du nicht willst, das man dir tu, das füg auch keinem andern zu.

1. Erzähle die Geschichte zu den Bildern.
2. Spiel die Geschichte in einem Rollenspiel nach. Wie habt ihr euch dabei gefühlt? Tauscht anschließend die Rollen.

MK Aufgabe 1, 2

So kannst du weiterarbeiten

Spannende Zeitungsausschnitte

Sammelt spannende, witzige und außergewöhnliche Zeitungsausschnitte. Macht eine Collage.

Werbeplakat

Gestalte am Computer ein Werbeplakat für ein Produkt deiner Wahl. Stelle es der Klasse vor.

Abschlusszeitung Klasse 4

Um eine Abschlusszeitung zu gestalten, müsst ihr euch gut überlegen, welche Themen ihr in eure Zeitung aufnehmen wollt. Zum Beispiel:
- ein Deckblatt
- Fotos mit Steckbriefen von jedem Schüler
- eine Witzeseite
- eine Seite, in der ihr den pünktlichsten, den höflichsten oder den lustigsten Schüler auszeichnet
- eine leere Seite zum Schluss, auf die eure Klassenkameraden und Lehrer euch ein paar nette Worte zum Ende der vierten Klasse schreiben können

Denke weiter

Was kann ich tun, wenn mich jemand im Chat nervt?

Wie merke ich mir mein Passwort?

Was ist ein Kettenbrief?

Arbeit und Konsum

Der lange Weg der Jeans

Viele Menschen tragen Jeans. Bis eine Jeans fertig zum Verkauf im Geschäft liegt, legt sie einen langen Weg zurück. So könnte ihr Weg verlaufen:

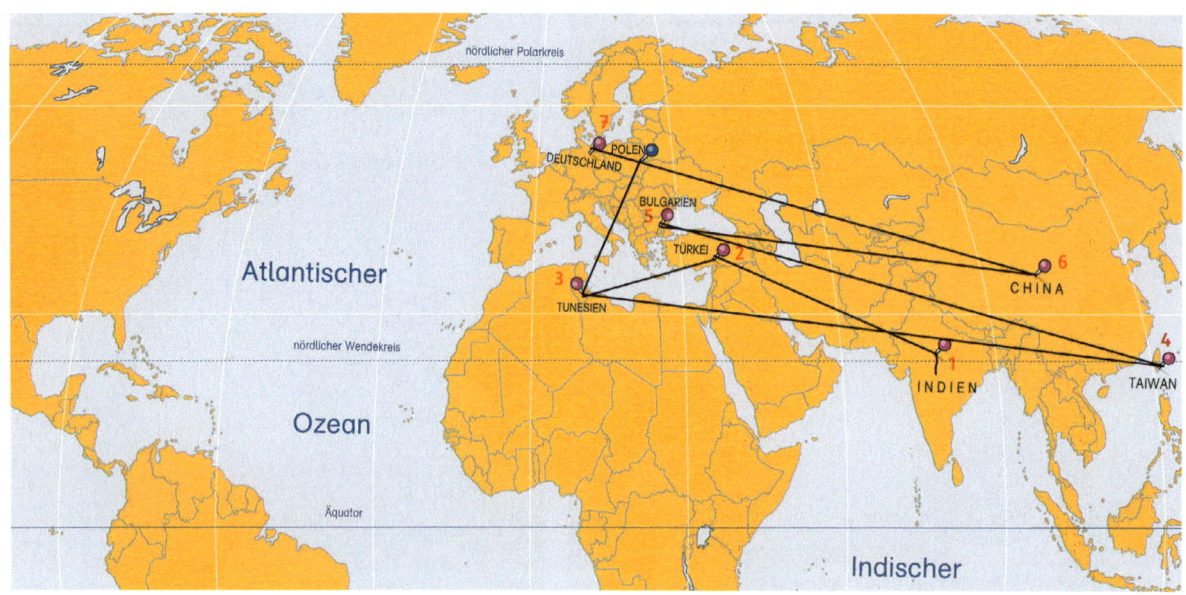

1. **Baumwolle anbauen**
   Der Rohstoff für Jeans wird aus der Baumwollpflanze gewonnen. Aus ihren reifen Samenkapseln werden weiße Samenhaare geerntet.

2. **Baumwollgarn herstellen**
   Die gepressten Samenhaare werden in einer Baumwollspinnerei zu Fäden gesponnen. Dafür werden große Maschinen benötigt. Die gesponnenen Baumwollfäden nennt man Garn.

3. **Baumwollgarn färben**
   Um blauen Stoff zu erhalten, wird das Baumwollgarn gefärbt. Dafür wird indigoblaue Farbe benötigt. Diese wird mithilfe von Chemikalien in Polen hergestellt und dann an die Färbereien geliefert.

1 Betrachte die Weltkarte.
Ordne den Ländern die Produktionsschritte zu.

4. Jeansstoff weben

Mit dem Garn wird in Webereien der Jeansstoff hergestellt. Auch dies geschieht an großen Maschinen. Trotzdem müssen immer noch Menschen diese Maschinen bedienen.

5. Jeansstoff veredeln

Der gewebte und gefärbte Jeansstoff ist sehr hart und verknittert. Deshalb wird er mit Chemikalien behandelt, damit ein weicherer und glatter Stoff entsteht.

6. Jeans nähen

In einer Näherei wird der Jeansstoff zugeschnitten. Viele Arbeiterinnen nähen daraus die Jeans. Sie arbeiten in großen Hallen an Nähmaschinen.

7. Kleidungsstück verkaufen

Die fertigen Jeans werden mit Flugzeugen, Schiffen, Zügen oder Lastwagen zum Zielort transportiert. Hier werden sie in Geschäften verkauft.

Fairer Handel

Viele Unternehmen lassen Garn, Jeansstoff und Kleidungsstücke in anderen Ländern produzieren. In diesen Ländern müssen sie den Arbeitern weniger Lohn als in Deutschland zahlen. Häufig sind die Bedingungen, unter denen die Menschen dort arbeiten, sehr schlecht. Es gibt selten Schutzbekleidung und die Menschen müssen lange ohne Pausen arbeiten. Damit du Kleidungsstücke erkennst, bei deren Herstellung die Arbeiter fair behandelt wurden, werden sie mit dem „Fair-Trade-Siegel" gekennzeichnet. „Fair-Trade" bedeutet fairer Handel.

1. Beschreibe den Weg der Jeans mit eigenen Worten.
2. Warum lassen Unternehmen Kleidung in anderen Ländern produzieren?
3. Wie wirken sich die langen Transportwege auf die Umwelt aus?
4. Wo wurde deine Jeans gefertigt? Suche das Land auf einer Karte.

→ AH S. 13

Wie wird Milch hergestellt?

Auf den ersten Blick gleicht ein Glas Milch dem anderen. Das Produkt Milch unterscheidet sich jedoch in Fettgehalt, Haltbarkeit und Preis.

Milchbauern verarbeiten ihre Milch nicht selber. Sie liefern Rohmilch an Molkereien. In den Molkereien wird die Rohmilch der verschiedenen Bauernhöfe verarbeitet. Es werden unterschiedliche Milchsorten in verschiedenen Haltbarkeitsstufen und mit unterschiedlichem Fettgehalt (Vollmilch, Magermilch) hergestellt.

Früher wurden Kühe von Hand gemolken und gefüttert. Heute übernehmen dies Maschinen und Roboter. In vielen Betrieben sind fast alle Abläufe automatisiert.

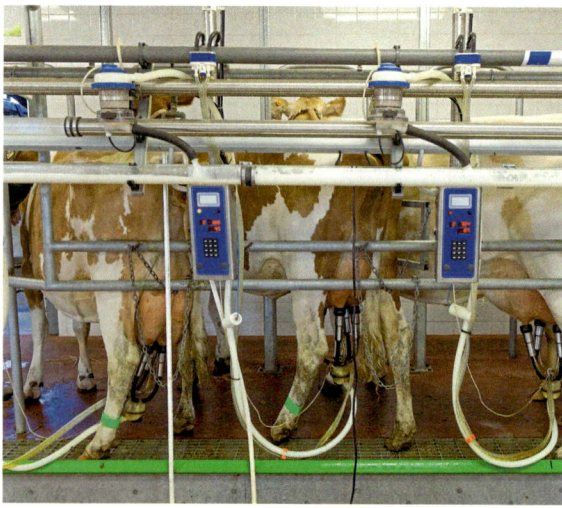

1 Milch ist nicht gleich Milch. Wie unterscheidet sie sich? Untersucht verschiedene Milchpackungen.

2 Gibt es heute noch Milchbetriebe, die per Hand arbeiten? Recherchiere.

Maschine, Produktion → AH S. 14, 71   MK Aufgabe 2

Milchkühe werden auf unterschiedliche Weise gehalten. Man unterscheidet Anbindehaltung, Laufstallhaltung und Weidehaltung.

Milchkühe haben einen hohen Bewegungsdrang, brauchen aber auch Platz zum Ruhen im Stall. Diese natürlichen Verhaltensweisen können Milchkühe bei reiner Anbinde- und Laufstallhaltung nicht ausleben. Häufig gibt es aber auch Mischformen. Dabei werden Milchkühe z. B. im Laufstall gehalten und haben zusätzlich Auslauf auf der Weide. Biomilchbetriebe achten besonders darauf, dass die Kühe genügend Auslauf und gesundes Futter bekommen. Milch von solchen Bauernhöfen erkennst du am Bio-Siegel.

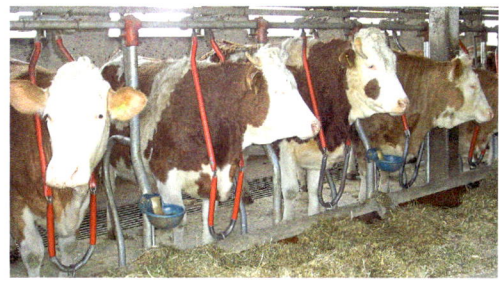
Anbindehaltung

Laufstallhaltung

Weidehaltung

Von Natur aus produzieren Kühe nur dann Milch, wenn sie gerade ein Kalb geboren haben. Sie produzieren auch nur so viel, wie sie zur Aufzucht eines Jungtieres benötigen. Das sind etwa 8 Liter Milch am Tag. Durch Züchtung hat der Mensch die Milchleistung der Kuh deutlich erhöht. Heute produzieren Milchkühe etwa 50 Liter Milch am Tag.

1 Welche verschiedenen Haltungsformen von Milchkühen gibt es? Erkläre.

2 Probiere verschiedene Milchsorten. Welche schmeckt dir am besten?

→ AH S. 14, 71

Abfall ist nicht gleich Müll

Pro Jahr entsteht in Deutschland eine riesige Menge Abfall. Das Gewicht dieser Menge ist so hoch, dass man es sich kaum vorstellen kann: 40 Millionen Tonnen! Ein Lastwagen wiegt ungefähr eine Tonne. Abfall muss mühevoll entsorgt werden. Für die Wiederverwendung oder das Recycling braucht man viel Energie. Deshalb solltest du darauf achten, so wenig Abfall wie möglich zu produzieren.

„Die Abfallhierarchie" – So sollte man mit Abfall umgehen:

- Abfall vermeiden
- Dinge wiederverwenden
- Müll sortieren und Abfall recyceln
- Müll verbrennen und Energie erzeugen
- Abfall beseitigen

Gewusst?

Der Müllberg, der in Deutschland pro Jahr produziert wird, ist mehr als doppelt so hoch wie der höchste Berg Deutschlands (Zugspitze, ca. 3000 m).

Die Wiederverwendung von Produkten trägt nach der Abfallvermeidung am stärksten zum Umweltschutz bei. Bevor du etwas wegwirfst, überlege, ob du es reparieren, weiterverschenken, spenden oder verkaufen kannst. Wiederverwendung findet zum Beispiel auch bei Mehrwegsystemen für Getränkeflaschen oder Altkleidersammlungen statt.

Abfall sortieren ist wichtig. Nur so können Wertstoffe, aus denen unser Abfall zum größten Teil besteht, wieder in den Stoffkreislauf zurückgeführt und neue Produkte hergestellt werden.

Merke!

Recycling bedeutet übersetzt: in den Kreislauf zurückbringen.

1. Was ist die Abfallhierarchie? Erkläre.
2. Welche Wertstoffe werden zu neuen Produkten verarbeitet? Recherchiere.
3. Warum steht Recycling erst an dritter Stelle der Abfallhierarchie? Begründe.

Nachhaltig handeln – Umwelt schützen

Jeden Tag verbrauchst du Rohstoffe, die nur von der Natur nachproduziert werden können. Zu diesen Rohstoffen gehören zum Beispiel Holz, Wasser oder saubere Luft.
Wir können die Rohstoffe nur so lange nutzen, wie wir nicht zu viel verbrauchen oder verschmutzen.
Denn die Natur braucht Zeit, Rohstoffe immer wieder neu herzustellen.

1. Betrachte die Bilder. Wie schützen die Kinder die Umwelt?
2. Was bedeutet „nachhaltig handeln"? Erkläre.
3. Überlegt, wie ihr im Alltag nachhaltig handeln könnt. Erstellt ein Plakat.

Umweltschutz

So kannst du weiterarbeiten

Kleidung aus Recyclingmaterialien herstellen

Stellt Kleidung aus Wertstoffen her. Ihr braucht:
- Zeitungen
- Tetrapacks
- Kronkorken
- Eierkartons usw.

Veranstaltet eine Modenschau. Wer trägt die kreativste Recyclingmode?

Eine Tauschbörse veranstalten

Organisiert eine Tauschbörse. Bringt Dinge mit, die ihr nicht mehr braucht, und tauscht sie. Fragt erst eure Eltern, was ihr mitbringen dürft.

Eine Ausstellung zu Gütesiegeln gestalten

Sammelt Produkte mit Gütesiegeln für Umweltschutz und Nachhaltigkeit. Macht damit eine Ausstellung. Erklärt, was die Gütesiegel bedeuten. Schreibt dazu kleine Infotexte.

Baumwolle pflanzen

Zieht aus Samen Baumwollpflanzen. Beobachtet und dokumentiert das Wachstum der Pflanze.

Denke weiter

Was können wir tun, damit in unserer Klasse weniger Abfall entsteht?

Wie lange dauert es, bis Abfälle in der Natur verrottet sind?

Was kann ich mir mit anderen teilen, um die Umwelt zu schützen?

Pflanzen und Tiere

Bewohner des Waldes

Die Kreuzotter steht unter Naturschutz. Ihr Biss ist giftig.

Das Sommergoldhähnchen ist der kleinste Vogel Europas.

Rehe sind meist bei Dämmerung auf Futtersuche.

Der Wald ist Lebensraum für viele Tiere, die sich an das Leben im Wald angepasst haben. Sie halten sich in unterschiedlichen Stockwerken des Waldes auf und finden dort Nahrung und Unterschlupf. Manchmal kann man auch seltene und geschützte Tiere entdecken.

Den Hirschkäfer sieht man selten.
Er steht unter Naturschutz.

Baummarder können sehr gut
klettern und springen.

Der Waldkauz ist nachtaktiv.
Er fängt Beute bis zur Größe eines
Eichhörnchens.

1. Welche Tiere des Waldes sind abgebildet? Fallen dir noch weitere ein?
2. Welche Tiere hast du schon im Wald gesehen?
3. Welche Spuren von Tieren kann man im Wald erkennen?
4. Warum kannst du bei einem Waldspaziergang nur wenige der hier abgebildeten Tiere entdecken? Begründe.

→ AH S. 17   Käfer, Spur

Die Stockwerke des Waldes

Ein Wald besteht aus mehreren Stockwerken. Die Stockwerke nennt man Schichten. In allen Schichten wohnen Tiere. Manchmal wohnt ein Tier auch in mehreren Schichten.

Die **Baumschicht** ist die oberste Schicht. Die Bäume transportieren Mineralsalze und Wasser von der Wurzel in die Baumkrone. Hier bekommt der Baum viel Sonne.

In dieser Schicht leben Eichhörnchen, Borkenkäfer und Spechte.

Die **Kraut- und Strauchschicht** bietet Licht für bestimmte Pflanzen. Außerdem sind hier die jungen Bäume vor Wind geschützt.

In dieser Schicht leben Rehe, Haselmäuse und Schmetterlinge.

Tote Stoffe aus der **Moos- und Bodenschicht** dienen Tieren und Pilzen als Nahrung. Ausgeschiedene Abfallstoffe der Tiere werden zu Humus (fruchtbarer Erde).

In dieser Schicht leben Spinnen, Schnecken, Ameisen und Waldmistkäfer.

In der **Erd- und Wurzelschicht** befinden sich Wurzeln, Bakterien und andere Kleinstlebewesen. Die Wurzeln halten Bäume und Sträucher fest im Boden, damit sie bei Unwetter nicht ausgerissen werden. Wurzeln speichern Wasser und lebenswichtige Nährstoffe.

In dieser Schicht leben Insekten, Regenwürmer, der Maulwurf und der Dachs.

1 Beschreibe die Schichten des Waldes und vergleiche sie mit einem Haus.

2 Welche Tiere leben in mehreren Schichten?

Bäume bestimmen

Laubbäume kann man von Nadelbäumen sehr einfach unterscheiden: Laubbäume haben Blätter und Nadelbäume haben Nadeln. Laubbäume untereinander zu unterscheiden, ist schon etwas schwerer. Eine Möglichkeit ist es, die Blattformen genauer zu betrachten:

| eiförmig | gefingert | länglich | herzförmig |

Man kann die Blätter auch anhand des Blattrandes unterscheiden:

| ganzrandig | gewellt | gebuchtet | gesägt |

Auch die Nadelbäume lassen sich anhand ihrer Nadeln unterscheiden, zum Beispiel am Stand der Nadeln:

| nebeneinander am Zweig | rund um den Zweig | paarweise am Zweig | in Büscheln am Zweig |

1. Betrachte die Laubblätter genau und beschreibe sie. Finde passende Vergleiche für Blattform und Blattrand.
2. Betrachte die Nadelzweige und vergleiche den Stand der Nadeln.
3. Welche Blätter und Nadelzweige sind hier abgebildet? Bestimme sie.
4. Geht in den Wald und sammelt Blätter. Ordnet und bestimmt sie.
5. Welche weiteren Möglichkeiten gibt es, einen Baum zu bestimmen?

→ AH S. 19   Baum

Die Rote Waldameise

Waldameisen leben in einem Ameisenhügel. Ein Teil des Ameisenbaus ist über der Erde, der andere darunter. Ameisen verwenden Nadeln, Laub und Moos als Baumaterial. Im Inneren haben die Ameisen Gänge und Kammern angelegt. Darin kümmern sie sich um die Eier und Larven. Ameisen leben ähnlich wie Bienen in einer großen Gemeinschaft.
Die Königin und eine männliche Ameise (Drohn) sorgen für den Nachwuchs. Die meisten Ameisen sind Arbeiterinnen. Sie übernehmen verschiedene Aufgaben im Ameisenhügel.

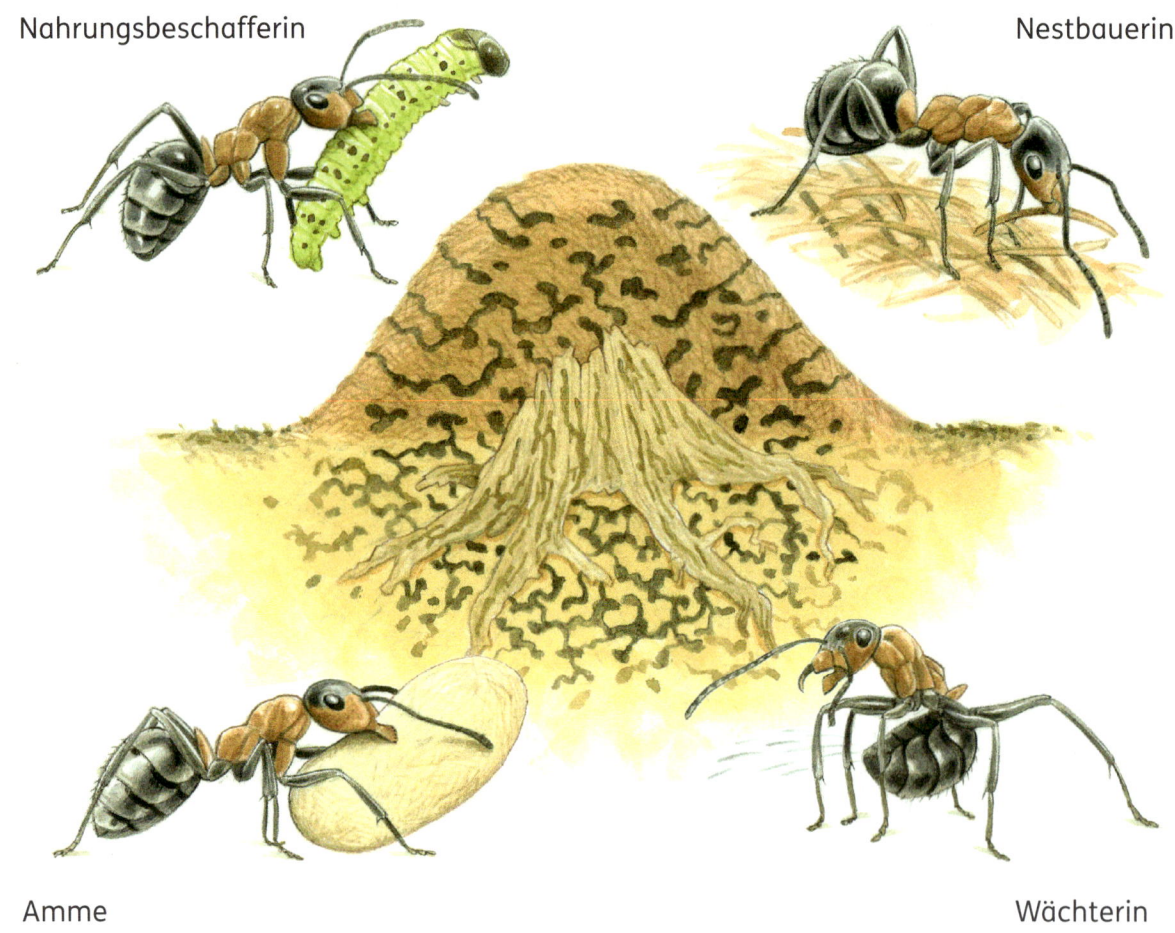

Nahrungsbeschafferin   Nestbauerin

Amme   Wächterin

1. Wie lebt die Rote Waldameise?
2. Welche Aufgaben haben die Arbeiterinnen?
3. Welche Feinde hat die Rote Waldameise? Recherchiere.
4. Welche weiteren Tiere der Bodenschicht kennst du?
5. Suche dir ein Tier der Bodenschicht aus. Informiere dich genau. Halte einen Vortrag.

Das Wildschwein

Die Wildschweine gehören zu den größten frei lebenden Tieren in unseren Wäldern. Sie werden fast einen Meter hoch und bis zu 200 Kilogramm schwer. Obwohl es sehr viele Wildschweine gibt, sieht man sie jedoch selten. Tagsüber verstecken sie sich im Dickicht und erst nachts werden sie aktiv.

Rücken · Schwanz · Ohr · Bein · Auge · Huf · Rüssel · Bauch

Das weibliche Wildschwein nennt man Bache, das männliche Keiler und der Nachwuchs wird Frischling genannt. Die Bachen leben mit ihren Frischlingen in Gruppen, sogenannten Rotten. Eine Rotte hat bis zu 40 Mitglieder und wird von einer erfahrenen Leitbache angeführt. Keiler verlassen die Rotte mit etwa zwei Jahren und werden zu Einzelgängern. Wildschweine sind Allesfresser. Sie durchwühlen mit ihrer kräftigen Rüsselschnauze den Waldboden. Was vor die Schnauze kommt, wird gefressen: Wurzeln, Knollen, Larven, Maden, Baumfrüchte, Pilze, Insekten, Schnecken, Mäuse, Frösche und auch tote Tiere.

1. Beschreibe den Körperbau und die Lebensweise von Wildschweinen.
2. Was tust du, wenn du im Wald auf ein Wildschwein triffst? Recherchiere.
3. Erstelle zu einem weiteren Waldtier ein Plakat.

Pilze

In Deutschland gibt es etwa 14 440 verschiedene Pilzarten. Sie werden in acht Gruppen eingeteilt. Zwei davon sind:

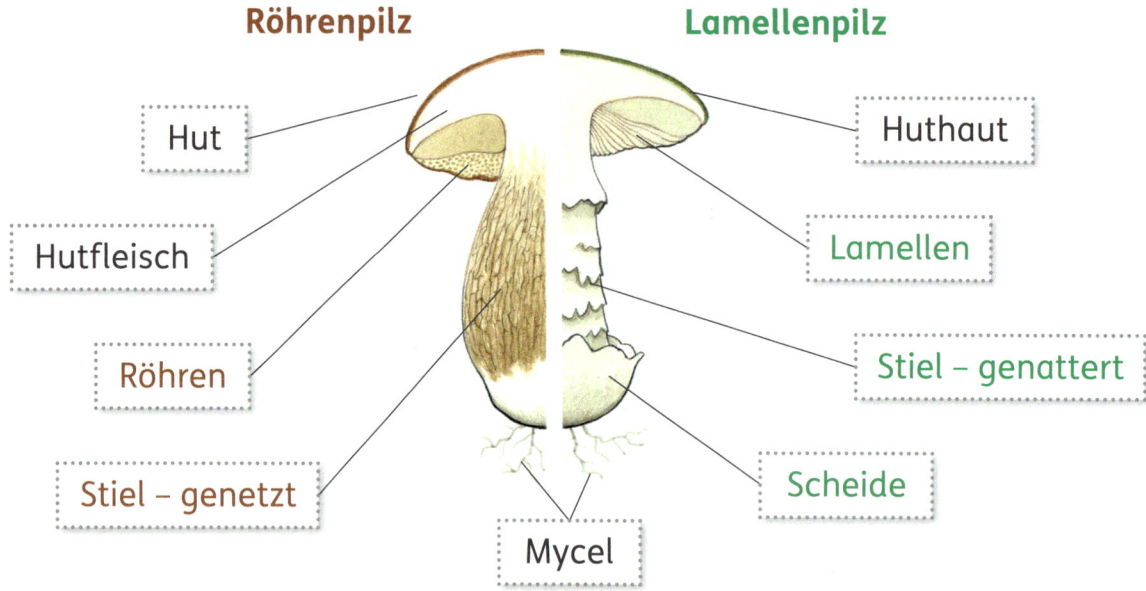

Röhrenpilz: Hut, Hutfleisch, Röhren, Stiel – genetzt

Lamellenpilz: Huthaut, Lamellen, Stiel – genattert, Scheide

Mycel

Vorsicht Doppelgänger!

Bei manchen Pilzen muss man besonders vorsichtig sein, denn sie haben einen Doppelgänger. Der Knollenblätterpilz sieht zum Beispiel dem Wiesenchampignon sehr ähnlich.

essbar

giftig

Hutoberseite: glatt und weiß
Hutunterseite: je nach Alter rosa oder braun
Stiel: weiß mit zerrissener Manschette ohne Knolle

Hutoberseite: glatt und weiß
Hutunterseite: helle Lamellen
Stiel: weiß mit ausgefranster Manschette und einer Knolle

1 Erkläre den Aufbau eines Pilzes.

2 Beschreibe die Gemeinsamkeiten und die Unterschiede von Röhrenpilz und Lamellenpilz.

3 Welche weiteren Pilzarten kennst du? Zähle auf.

Sammle Pilze nur mit einem Erwachsenen, der sich gut auskennt. Es gibt viele Giftpilze.

Pilz → AH S. 22

Getreide

Schon vor vielen tausend Jahren begannen die Menschen, Getreide anzubauen. Sie säten die Samen bestimmter Gräser aus, pflegten die Pflanzen und ernteten die Körner. Daraus stellten sie Nahrungsmittel her. Die besten Körner wurden im nächsten Jahr wieder ausgesät.
Manche Getreidearten sehen sich sehr ähnlich, andere wiederum sehen ganz unterschiedlich aus. Der auffälligste Unterschied ist, dass manche Getreidearten Ähren besitzen und andere Rispen. Bei einer Ähre sitzen die Körner dicht beieinander direkt am Halm. Eine Rispe hat viele Verzweigungen, in denen sich einzelne Körner befinden.

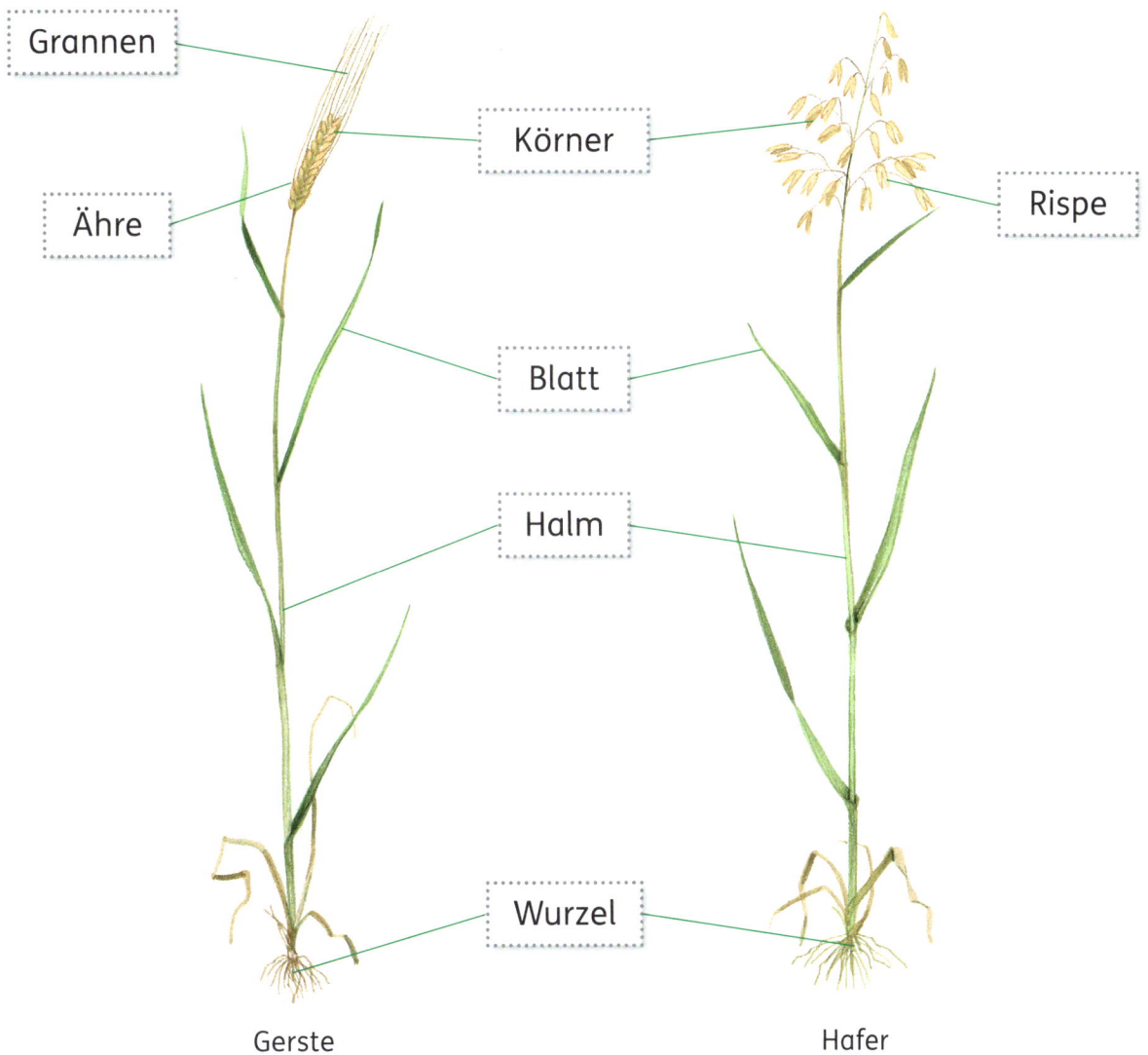

Gerste — Hafer

1 Wie ist der Getreideanbau entstanden?
2 Beschreibe Gemeinsamkeiten und Unterschiede von Gerste und Hafer.

→ AH S. 23   Getreide

Getreidearten

Die bekanntesten Getreidearten sind Weizen, Gerste, Roggen, Hafer und Mais. Diese werden am häufigsten bei uns angebaut. Aber auch Dinkel, Hirse und Reis zählen zu den Getreidearten. Reis wird nicht in Deutschland angepflanzt, da er ein stetig mildes Klima und viel Wasser braucht.

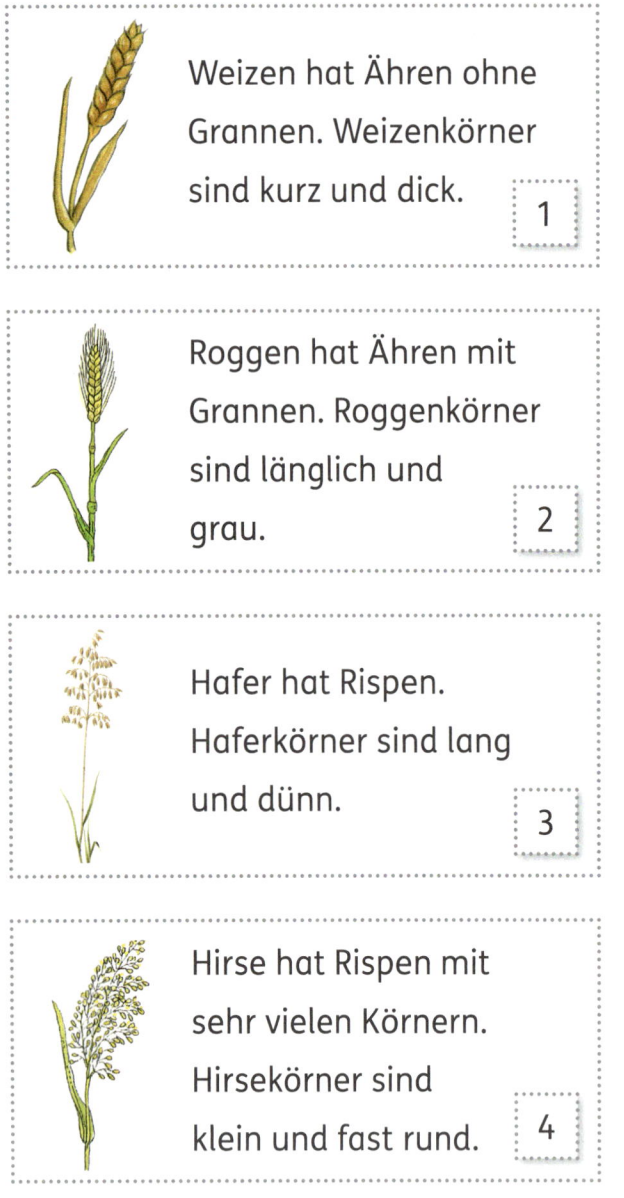

Weizen hat Ähren ohne Grannen. Weizenkörner sind kurz und dick. 1

Roggen hat Ähren mit Grannen. Roggenkörner sind länglich und grau. 2

Hafer hat Rispen. Haferkörner sind lang und dünn. 3

Hirse hat Rispen mit sehr vielen Körnern. Hirsekörner sind klein und fast rund. 4

A

B

C

D

1. Beschreibe die unterschiedlichen Getreidearten und ordne die Körner zu.
2. Welche Merkmale musst du dir merken, um die Getreidearten richtig zu erkennen?
3. Untersuche eine Getreidepflanze. Löse dazu auch ihre Körner heraus und zerdrücke sie. Was stellst du fest?
4. Macht eine Ausstellung zum Thema Getreide.

Vom Korn zum Nahrungsmittel

1. Beschreibe mithilfe der Bilder den Weg vom Korn zum Mehl. Was geschieht danach?
2. In welchen Nahrungsmitteln steckt Getreide?
3. Was ist an Vollkornbrot besonders?
4. Erkundige dich, wie früher Getreide geerntet und verarbeitet wurde. Halte darüber einen Vortrag.

→ AH S. 24   Landwirtschaft

Tiere auf der ganzen Welt

Tiere sind an ihre Umgebung gut angepasst. Auf der ganzen Welt gibt es Gebiete mit unterschiedlichen Landschaftsformen und unterschiedlichem Klima. Im Regenwald findest du zum Beispiel andere Lebewesen als im Meer.

Im Meer gibt es zwei Lebensräume – den Meeresboden und das freie Wasser.

Im Regenwald ist es sehr feucht. Es regnet mehrmals am Tag und es ist immer heiß.

Polargebiete sind die kältesten Gebiete der Erde. In der Antarktis wurden schon – 89 °C gemessen.

Das Gebirge ist oft sehr steil, trocken und kantig. Im Sommer kann es sehr warm werden und im Winter gibt es oft Schnee.

grüne Hundskopfboa

Steinbock

Delfin

Eisbär

1. Welches Tier lebt in welchem Lebensraum? Begründe.
2. Wie sind die Tiere an ihren Lebensraum angepasst? Überlege und recherchiere.
3. Sucht euch einen Lebensraum aus und sammelt Informationen zu Tieren, Pflanzen, Temperatur, Niederschlag und Lage. Erstellt daraus eine Mindmap.

Gibt es auch ein Tier, was in mehreren Gebieten lebt?

Manche Tierarten haben sich an unterschiedliche Lebensräume angepasst.

Polarfuchs

Fuchs

Steppenfuchs

heimischer Rotfuchs

Wüstenfuchs

1

2

3

4

1. Wie heißen die Lebensräume dieser Füchse?
2. Wie haben sich die Füchse an ihre Lebensräume angepasst?

Braunbär

Eisbär

Pandabär

3. Wie haben sich die Bären an ihre Lebensräume angepasst?
4. Nenne weitere Tiere, die in Schnee und Eis leben.

Tarnung

Brummende Bären und fröhliche Füchse

🔊₂₆ Braune Bären mit buschigen Bärten brummen besser als bibbernde Biber mit bunten Brillen.

🔊₂₇ Fünf fröhliche Füchse finden fünfzehn frierende Fasane im froschgrünen Farn.

1 Lies die Zungenbrecher. Wenn du ein Wort nicht kennst, frag nach.

2 Lest die Zungenbrecher nun so schnell wie möglich laut vor. Versucht auch, sie auswendig aufzusagen.

Fünf fröhliche Füchse frieren mit frechen Fröschen ... Ach nein! Schon wieder falsch!

3 Was macht Zungenbrecher eigentlich so schwierig? Schau dir die Wörter genau an. Erkläre.

4 Welche Zungenbrecher kennst du noch? Sage sie auf. Du kannst sie auch aufschreiben und einem anderen Kind zum Vorlesen geben.

Umweltverschmutzung und ihre Auswirkungen

Die Menschen gehen oft unachtsam mit der Natur um. Zum Beispiel versprühen sie Pestizide zur Schädlingsbekämpfung, holzen den Regenwald ab, werfen achtlos Plastikmüll weg und betonieren natürliche Flächen zu. Dadurch zerstören oder vergiften sie die Lebensgrundlage von Tieren und Pflanzen. Das kann auch schwere Folgen für das Leben der Menschen haben.

Wenn die Menschen nicht achtsamer mit der Natur umgehen, könnten Nachrichten in der Zukunft so lauten:

Blütenbestäubung von Hand fehlgeschlagen
- Wieder kein Obst in diesem Jahr -

Von Gundula Schneider

Die Imker des Landes mussten erneut die traurige Mitteilung machen, dass die Bienenvölker ihre Bienenstöcke verlassen haben und in großer Zahl verstorben sind. Damit standen die Obstbauern vor der Frage, wie sie zu einer Ernte kommen sollen. Auf Initiative des Bauernverbandes fanden sich im Frühjahr tausende freiwilliger Helfer in den Obstanbaugebieten zusammen, um die Blütenbestäubung von Apfelbäumen und Birnenbäumen von Hand vorzunehmen. Mit Pinsel und Pollen stiegen sie in die Bäume und versuchten, in mühevoller Kleinarbeit die Blüten zu bestäuben. Nun zeigt sich das traurige Ergebnis. Nur aus etwa zehn Prozent der Blüten entwickeln sich Früchte. Beim starken Unwetter in der letzten Woche wurde zusätzlich noch ein großer Teil der möglichen Ernte zerstört. Wie der Verband der Obstbauern mitteilte, wird die Ernte so gering ausfallen, dass Äpfel und Birnen zu einer großen Rarität werden. Manfred Müller, Sprecher des Verbands der Obstbauern, schätzt, dass die wenigen geernteten Äpfel und Birnen für etwa 100 Euro pro Stück .

Eisberge schmelzen weiter
- Wie weit wird der Meeresspiegel ansteigen? -

Von Tanja Meyer

Trotz umfangreicher Bemühungen konnte die Klimaerwärmung nicht aufgehalten werden. Zahlreiche Küstenbewohner mussten ihre Heimat verlassen und ins Landesinnere ziehen, da Ihre Häuser bereits überschwemmt sind.

1 Glaubt ihr, dass es diese Nachrichten wirklich irgendwann geben wird? Diskutiert.

2 Was kannst du dafür tun, dass solche Nachrichten nicht wahr werden?

3 Kennst du noch andere Beispiele, wie die Menschen unachtsam mit der Umwelt umgehen?

So kannst du weiterarbeiten

Baumkiste gestalten

Sammelt Blätter, Früchte, Zweige und Rinde von Bäumen. Gestaltet damit eine Baumkiste.

Spuren von Waldbewohnern

Findet Spuren von Waldbewohnern. Fotografiert oder zeichnet die Spuren. Bestimmt, worum es sich handelt.

Popcorn selbst gemacht

Lege ein Maiskorn auf einen Löffel. Halte den Löffel über ein Teelicht und warte ab.

 Mache das Experiment nur in Gegenwart eines Erwachsenen!

Tiere im Klassenraum

Haltet ein Tier im Klassenzimmer. Erstellt einen geeigneten Lebensraum für das Tier und kümmert euch gut darum.

 Achtung! Verletzt keine Tiere und geht gut mit ihnen um.

Denke weiter

Gibt es bei uns auch bedrohte Tierarten?

Papa sagt, dass Pilze keine Pflanzen sind? Was sind sie denn dann?

Körper und Gesundheit

Fit durch den Tag

🎵₂₉ Im Laufe des Tages verändert sich deine Leistungsfähigkeit. Manchmal hast du viel Energie und bist aufmerksam. Manchmal bist du müde und schlapp.

1 Beschreibe die Leistungskurve des Jungen. Wann hat er die meiste Energie? Wann braucht er eine Pause?

2 Wann bist du fit? Wann bist du müde? Beobachte dich und protokolliere.

3 Zeichne deine eigene Leistungskurve auf.

Um lange gesund und fit zu bleiben, ist es auch wichtig, dass du auf deine Haltung achtest.

4 Betrachte die Bilder.
Wie transportiert man die Schulsachen richtig?

5 Betrachte Niko und gib ihm Tipps, wie er den Getränkekasten richtig heben kann.

6 Warum ist es so wichtig, auf eine richtige Haltung zu achten?

48 Sport → AH S. 27

Typisch Mädchen – typisch Junge?

Hier siehst du Jungen und Mädchen bei ihren Lieblingsbeschäftigungen.

1. Schaut euch die Bilder an. Was ist für euch typisch Mädchen und was typisch Junge? Diskutiert darüber.

2. Hast du schon einmal erlebt, dass ein Kind wegen seines Hobbys ausgelacht wurde? Stellt verschiedene Situationen in Rollenspielen nach.

3. Was durften Jungen und Mädchen früher nicht machen? Recherchiere.

Früher hatten Jungen und Männer in der Küche nichts zu suchen.

MK Aufgabe 3 → AH S. 28

Mein Körper verändert sich

Im Laufe des Lebens verändert sich der menschliche Körper. Die Pubertät ist der Übergang vom Kind zum Erwachsenen. Aus Mädchen werden Frauen.

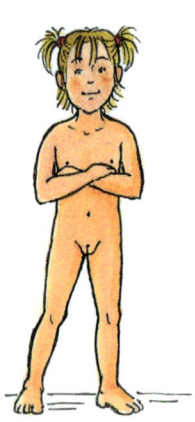 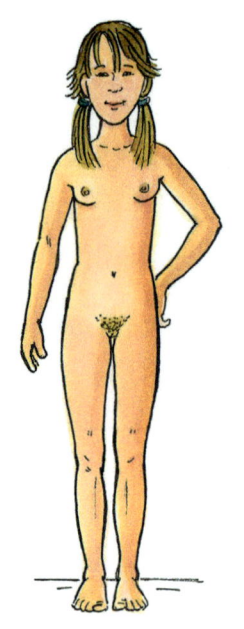 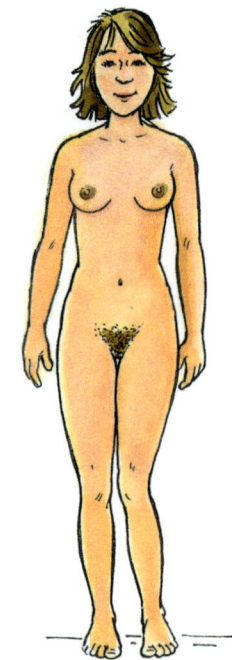

Bei Mädchen beginnt die Pubertät im Alter zwischen 8 und 10 Jahren. Die Brust und die Brustwarzen werden größer. Im Schambereich und in den Achselhöhlen wachsen Haare. Die Geschlechtsorgane entwickeln sich und die ersten Eizellen reifen heran. Jetzt setzt die erste Regelblutung ein, die man auch Menstruation nennt. Sie kommt alle 4 Wochen und dauert einige Tage. Sie ist ein Zeichen dafür, dass die Mädchen jetzt ein Baby bekommen könnten.

Die Zeit der Pubertät bringt auch seelische Veränderungen. Die Eltern fangen an zu nerven, man will öfter alleine sein, die Freunde werden immer wichtiger und ab und zu versteht man nicht, was mit einem los ist. Aber eines Tages lernst du dann ein tolles, neues Gefühl kennen: das Verliebtsein.

1. Lies den Text. Notiere alle Wörter, die dir unbekannt sind. Klärt gemeinsam die Bedeutung.
2. Beschreibe die Entwicklung eines Mädchens in der Pubertät.
3. Warum sollten auch Jungen über die Entwicklung von Mädchen Bescheid wissen?

Wo kommen die denn plötzlich her?

Aus Jungen werden Männer.

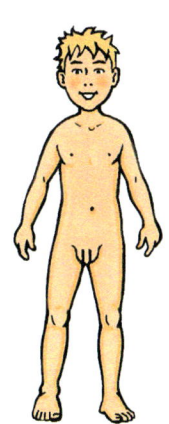
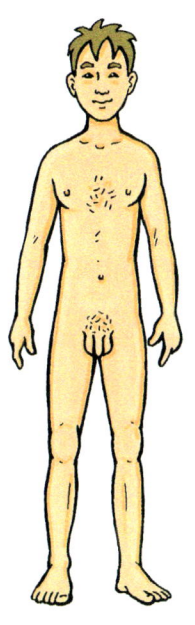
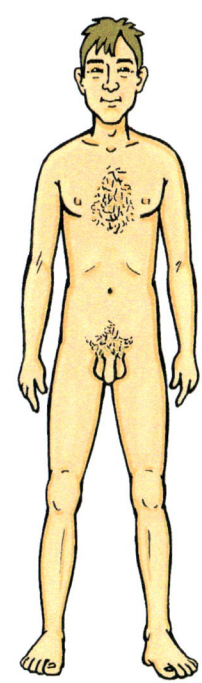

Bei den meisten Jungen beginnt die Pubertät im Alter von 12 Jahren. Die Stimme wird tiefer und der Körper kräftiger. Die Schultern werden breiter. Im Schambereich, in den Achselhöhlen, auf der Brust wachsen erste Haare und über der Oberlippe, am Kinn, an den Wangen die ersten Barthaare. Die Geschlechtsorgane entwickeln sich und in den Hoden werden die Samen gebildet. Es kommt zum ersten Samenerguss. Er ist ein Zeichen dafür, dass die Jungen jetzt ein Baby zeugen könnten.

Die Zeit der Pubertät bringt auch seelische Veränderungen. Die Eltern fangen an zu nerven, man will öfter alleine sein, die Freunde werden immer wichtiger und ab und zu versteht man nicht, was mit einem los ist. Aber eines Tages lernst du dann ein tolles, neues Gefühl kennen: das Verliebtsein.

1 Lies den Text. Notiere alle Wörter, die dir unbekannt sind. Klärt gemeinsam die Bedeutung.

2 Beschreibe die Entwicklung eines Jungen in der Pubertät.

3 Warum sollten auch Mädchen über die Entwicklung von Jungen Bescheid wissen?

4 Richtige Körperpflege ist wichtig. Was musst du beachten?

→ AH S. 29, 73

Du bestimmst über dich

Nein-Sagen ist manchmal ganz schön schwer!

Laura (…) hat etwas erlebt, bei dem sie sich mit dem Ja-Sagen und Nein-Sagen gar nicht mehr auskannte. Einmal war Onkel Linus zu Besuch (…). Laura hat sich gefreut. Onkel Linus hat Laura gezeigt, wie man im Internet surft, wo man die besten Spiele finden kann und wie man seine Lieblingslieder aus dem Netz herunterladen kann. (…) Onkel Linus hat einen Arm um Laura gelegt, und dann hat er angefangen, sie zu streicheln. Er hat eine Hand unter ihren Pullover geschoben. Laura fing an, sich unbehaglich zu fühlen. Am liebsten hätte sie „Lass das!" gesagt. Aber das kam ihr komisch vor, weil Onkel Linus doch wirklich nett ist.

Ganz steif hat sich Laura gemacht. Sie hat gehofft, dass Onkel Linus dann von selbst merkt, dass er aufhören soll. Aber er hat immer weitergestreichelt.

Er hat Lauras Beine gestreichelt, und seine Hand ist in den Hosenbund geschlüpft. Laura hat genau gefühlt, dass sie nicht will, was Onkel Linus da macht. (…)

Dann hat er sie aufs Ohr geküsst und ihr gesagt, dass sie auf keinen Fall jemandem erzählen soll, wie lieb er sie hat, und dass Mama sicher sehr unglücklich wäre, wenn sie das hörte. Und dass sie Laura dann nicht mehr mögen würde.

„Es ist unser großes Geheimnis!", hat Onkel Linus gesagt. Von da an hat Laura versucht, Onkel Linus aus dem Weg zu gehen. (…)

Laura hatte das Gefühl, dieses Geheimnis wie eine schwere dunkle Wolke immer mit sich herumzuschleppen …

Dagmar Geisler

1. Welche Gefühle hat Laura?
2. Muss sich Laura das gefallen lassen? Was soll Laura tun? Was rätst du ihr?
3. Wie können sich Mädchen und Jungen in dieser Situation verhalten?

→ AH S. 30

Geheimnisse

Ein Geheimnis zu haben, kann toll sein. Schöne Geheimnisse machen dich fröhlich und lassen deinen Bauch kribbeln.

Es gibt aber auch Geheimnisse, die uns Bauchweh machen können. Solche schlechten Geheimnisse können uns traurig oder wütend machen. Manchmal hat man sogar richtig Angst. Wir fühlen uns dann hilflos und trauen uns nicht, anderen davon zu erzählen.

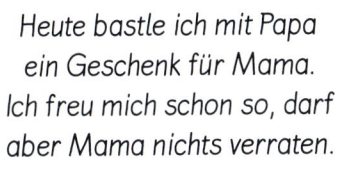

Heute bastle ich mit Papa ein Geschenk für Mama. Ich freu mich schon so, darf aber Mama nichts verraten.

Paul aus der 4a will mich verprügeln, wenn ich ihm morgen nicht 4 Euro mitbringe.

Die Ohrfeige von Opa hat ganz schön wehgetan. Wenn ich aber Mama und Papa davon erzähle, darf ich nicht mehr zu Opa.

Ben hat sich in Lisa verknallt.

1 Welche Geheimnisse sind gut und welche sind schlecht? Tausche dich mit deinem Partner aus.

2 Hattest du auch schon mal schlechte oder gute Geheimnisse? Berichte.

3 Was kannst du tun, wenn du bei einem Geheimnis ein schlechtes Gefühl hast?

4 Denkt euch Rollenspiele zu guten und schlechten Geheimnissen aus.

→ AH S. 31

Zittern oder kichern?

1 Lest die Sätze aus den Sprechblasen vor.
Wie wollt ihr sie betonen?

1	2	3	4
Lass mich in Ruhe! Ich bin total wütend auf dich!	*Uhhh, ich habe solche Angst! Ist da jemand, der mir helfen kann?*	*Das ist so komisch ... hihihi ... Ich könnte mich kaputtlachen!*	*Gähn ... Mir ist ja so langweilig. Ich schlafe gleich ein.*

2 Lest die Sätze aus Aufgabe 1 jetzt so vor:

| 1 | lustig | 2 | gelangweilt | 3 | ängstlich | 4 | wütend |

3 Wie hat es sich angefühlt, die Sätze so vorzulesen? War es leicht oder schwierig? Warum?

4 Nina sagt NEIN.
Welches Bild passt am besten?
Begründe.

NEIN!

A   B   C   D

5 Probiert das NEIN-Sagen aus. Übt zu zweit.

Ein Baby entsteht

  Wenn eine Frau und ein Mann sich lieben, wollen sie sich ganz nahe sein. Sie küssen und streicheln sich. Sie liegen eng beieinander und sind zärtlich zueinander.

Dabei wird das Glied des Mannes steif und die Scheide der Frau feucht. Wenn der Mann sein Glied in die Scheide der Frau einführt, ist das ein schönes Gefühl für die beiden. Das nennt man Geschlechtsverkehr, „miteinander schlafen" oder auch „Sex haben". Den Höhepunkt der Gefühle nennt man Orgasmus.

Beim Orgasmus können aus dem Glied des Mannes durch den Samenerguss viele Spermien in die Scheide der Frau gelangen. Falls in der Zeit bei der Frau

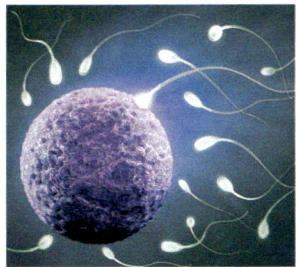 eine Eizelle herangereift ist, kann diese von einer Samenzelle befruchtet werden. Das bedeutet, dass Eizelle und Samenzelle zu einer neuen Zelle verschmelzen. Die befruchtete Eizelle setzt sich in der Schleimhaut der Gebärmutter fest und ein neues Leben wächst heran.

Man kann die Befruchtung verhindern, indem man verhütet. Es gibt verschiedene Verhütungsmittel. Frauen können zum Beispiel die Antibabypille nehmen und Männer können mit einem Kondom verhüten.

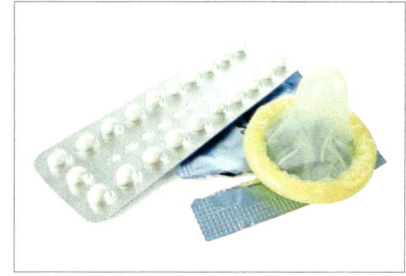

Kommt es zur Befruchtung der Eizelle, dann dauert es ungefähr neun Monate, bis das Kind im Bauch der Mutter so weit entwickelt ist, dass es auf die Welt kommen kann.

 Wie entsteht ein Kind? Fasse mit eigenen Worten zusammen.
 Wie kann man sich noch vor einer Schwangerschaft schützen?

→ AH S. 32   Sexualität

Das Baby vor der Geburt

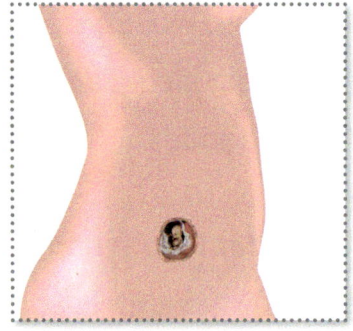

9 Wochen im Bauch der Mutter

Das Baby im Bauch der Mutter heißt Embryo und ist etwa so groß wie eine Weintraube. Es hat nun alle Körperteile entwickelt und sieht aus wie ein winziger Mensch.

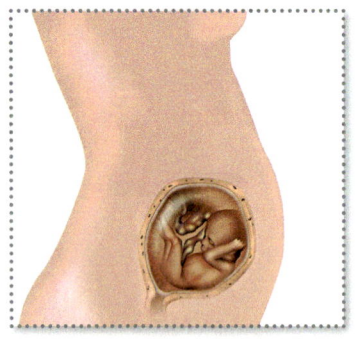

15 Wochen im Bauch der Mutter

Seit der 10. Woche wird der Embryo Fötus genannt. Nun ist das Baby so groß wie ein Apfel. Es hat bereits seine einzigartigen Fingerabdrücke. Der Fötus hat immer mal wieder Schluckauf.

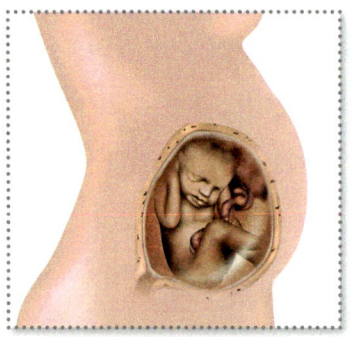

27 Wochen im Bauch der Mutter

Der Fötus wird immer größer und ist nun so groß wie ein Blumenkohl. Er kann nun die Augen öffnen und schließen und nuckelt manchmal an seinen Daumen.

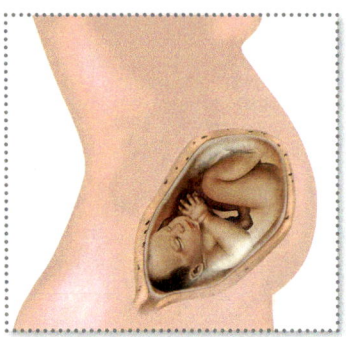

40 Wochen im Bauch der Mutter

Nun ist das Baby so groß wie ein kleiner Kürbis und bereit auf die Welt zu kommen. Es ist vollständig entwickelt und hat sich schon gedreht. Jetzt kann es mit dem Kopf voran zur Welt kommen.

1 Beschreibe die einzelnen Phasen mit eigenen Worten.

2 Befrage deine Eltern über deine Geburt. Was hättest du in deine Geburtsanzeige geschrieben?

3 Warum kommen die meisten Babys mit dem Kopf voran zur Welt?

Was bedeutet ...?

Embryo

Eine befruchtete Eizelle, die sich zu einem Baby entwickelt, heißt in den ersten drei Monaten „Embryo". Danach wird das ungeborene Kind „Fötus" genannt.

Schwangerschaft → AH S. 32, 34

Die ersten Monate nach der Geburt

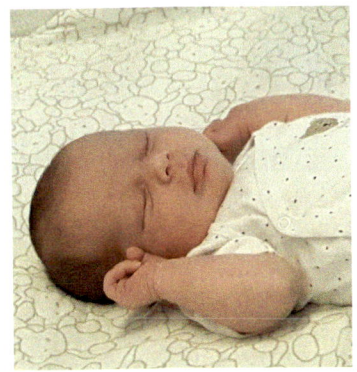

1. und 2. Monat

In der ersten Zeit schläft und trinkt das Baby viel. Es sieht noch unscharf. Der Kopf muss noch gehalten werden, da die Muskulatur zu diesem Zeitpunkt noch zu schwach ist. Gegen Ende des 2. Monats wird das Baby immer aktiver und gibt die ersten Laute von sich.

3. und 4. Monat

Jetzt reagiert das Baby zunehmend auf seine Umwelt. Es beginnt nach Gegenständen zu greifen und nimmt Farben wahr. Wenn es auf dem Bauch liegt, kann es sich auf die Unterarme stützen. Das Köpfchen muss nicht mehr gehalten werden. Das Baby beginnt, alles mit dem Mund und der Hand zu erforschen.

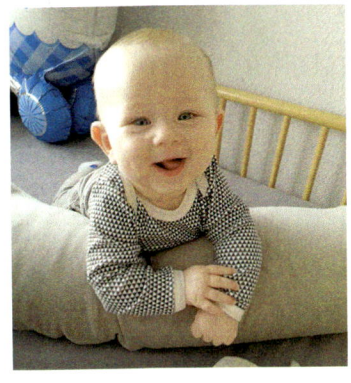

5. und 6. Monat

Das Baby wird immer mobiler. Es dreht sich vom Rücken auf den Bauch. Die Umwelt wird für das Baby immer interessanter und es kann dreidimensional sehen. Das Baby beginnt nun zu brabbeln. Die ersten Zähne kommen.

7. und 8. Monat

Das Baby möchte jetzt immer bei seiner Mama sein. Gegenüber fremden Personen fühlt es sich unwohl – es fremdelt. Auch die ersten Krabbelversuche unternimmt das Baby nun. Es kann schon sitzen. Nun hält es sich oft an etwas fest und versucht sich hochzuziehen.

1 Stell dir vor, du darfst auf ein Baby aufpassen. Worauf musst du achten?

2 Bringe Fotos von dir aus den ersten 8 Monaten mit. Macht eine Ausstellung und ratet: Wer ist wer?

→ AH S. 33, 34

So kannst du weiterarbeiten

Gefühle

Stellt verschiedene Gefühle pantomimisch dar. Erratet sie dann.

Ein Geschwisterchen bekommen

Stelle dir vor, du wirst eine große Schwester oder ein großer Bruder. Wie kannst du deiner Mama am besten helfen? Was braucht ein Baby alles? Was ändert sich für dich? Erstelle ein Plakat.

Ich bin einmalig

Zeichne ein Selbstporträt. Notiere am Rand, was du besonders gut kannst und was dir an dir gefällt.

Körperpflege

Macht eine Ausstellung zum Thema Körperpflege. Beschriftet die Produkte. Wofür benutzt man sie?

Denke weiter

Wie weiß man, dass man verliebt ist?

Was heißt eigentlich behindert sein?

Warum sehen Zwillinge nicht immer gleich aus?

Die Erde und ihr Klima

Unsere Erde – ein besonderer Planet

Die Erde umkreist die Sonne, genau wie die anderen Planeten Merkur, Venus, Mars, Jupiter, Saturn, Uranus und Neptun. In unserem Sonnensystem ist die Erde der einzige Planet, auf dem es Leben gibt.

Unser Planet Erde ist vor vielen Millionen Jahren aus großen Staubwolken und Gaswolken entstanden.

Ungefähr 365 Tage braucht die Erde, um die Sonne zu umkreisen. Sie kreist aber nicht nur um die Sonne, sie dreht sich auch um sich selbst. Das dauert 24 Stunden. Diese Drehbewegung nehmen wir nicht wahr. Wir bemerken nur die Folgen: Es sieht so aus, als würde die Sonne jeden Morgen aufgehen und jeden Abend untergehen.

Die Erde ist zu fast drei Vierteln mit Wasser bedeckt. Vom Weltraum aus erscheint das Wasser blau und die Erde wirkt wie eine blaue Kugel.

1. Was weißt du über den Planeten Erde? Erzähle.
2. Zähle die Planeten auf, die zu unserem Sonnensystem gehören.
3. Wie entstehen Tag und Nacht? Erkläre.
4. Nenne drei Städte, in denen es Nacht ist, wenn bei uns Tag ist.
5. Warum wird die Erde auch blauer Planet genannt?

Gewusst?

So kannst du dir die Reihenfolge der Planeten merken:

Mein **V**ater **e**rklärt **m**ir **j**eden **S**onntag **u**nseren **N**achthimmel.

Erde, Sonnensystem, Jahr → AH S. 37, 38, 74

Steckbrief zur Erde

Planetenart: Gesteinsplanet
Position: dritter Planet im Sonnensystem
Entfernung zur Sonne: 150.000.000 km
Umlaufzeit um die Sonne: 365 Tage und 6 Stunden
Nachbarplaneten: Venus und Mars
Durchmesser: 12.756 km
Umfang: 40.075 km
Temperatur: −89 °C bis +58 °C
Besonderheiten: Es gibt Leben auf der Erde.

Auf der Erde herrschen Bedingungen, die Leben ermöglichen, zum Beispiel gibt es Wasser, Sauerstoff und erträgliche Temperaturen.

Eine Lufthülle umgibt die Erde und schützt sie vor Überhitzung und Auskühlung.
Diese Lufthülle heißt Atmosphäre. Die Atmosphäre besteht aus mehreren Schichten. Je höher man in Richtung Weltraum vordringt, desto weniger Sauerstoff ist in der Luft. Es wird immer kälter. Wir leben in der untersten Schicht der Atmosphäre. Sie ist ungefähr 15 Kilometer hoch.
In dieser Schicht entsteht auch das Wetter.

500 - 10.000 km

85 - 500 km

50 - 85 km

15 - 50 km

0 - 15 km

1. Warum ist Leben auf der Erde möglich?
2. Was bedeutet Atmosphäre?
3. In welcher Höhe fliegen Flugzeuge und in welcher Höhe fliegen Satelliten?

Klimazonen der Erde

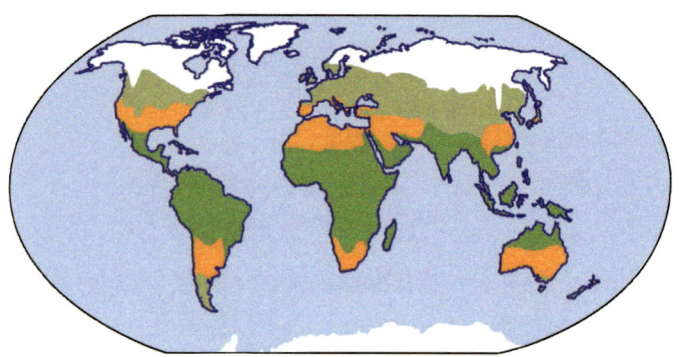

Was bedeutet ...?

Wetter
Wetter erleben wir täglich. Es kann sich kurzfristig verändern.

Klima
Klima ist der typische Wetterverlauf einer Region, der über mehrere Jahrzehnte beobachtet wurde.

🟩 **Tropische Zone**
Lage: um den Äquator
Klima: keine Jahreszeiten, immer feucht-heiß
Pflanzen: Kakaobäume, Bromelien
Tiere: Gorillas, Pfeilgiftfrösche, Paradiesvögel

🟧 **Subtropische Zone**
Lage: z. B. Mittelmeerländer und Nordafrika mit Sahara
Klima: Sommer heiß und trocken, Winter meist über 0 °C
Pflanzen: Palmen, Olivenbäume, Zitrusfrüchte
Tiere: Affen, Schlangen, Kamele

🟨 **Gemäßigte Zone**
Lage: zwischen subtropischer Zone und Polarzone
Klima: vier Jahreszeiten, nicht zu heiß oder zu kalt
Pflanzen: Tannen, Fichten, Laubbäume
Tiere: Füchse, Hirsche, Hasen

⬜ **Polarzone**
Lage: am Nord- und Südpol
Klima: ganzjährig unter 0 °C, Niederschlag meist Schnee
Pflanzen: Polarweiden, Moose
Tiere: Robben, Eisbären, Rentiere

1 In welcher Klimazone leben wir?

2 Welche weiteren Tiere und Pflanzen sind in den verschiedenen Klimazonen heimisch? Recherchiere.

Ich heiße Naira. Mit meiner Familie lebe ich in einer Hütte im Urwald. Bei uns ist es das ganze Jahr über heiß und feucht. Fast jeden Tag regnet es um die Mittagszeit. Wegen des feuchtheißen Klimas können bei uns Tiere leben, die es sonst nirgendwo gibt. Wir jagen, fischen und bauen Mais an.

Ich heiße Carlos. Ich komme aus Tarifa. Das liegt im Süden Spaniens. Hier wachsen viele Oliven- und Zitronenbäume. Im Sommer ist es bei uns sehr warm. Im Winter wird es selten richtig kalt. Deshalb gibt es in unserem Haus keine Heizung, nur einen Kaminofen.

Mein Name ist Anuuk. Ich wohne im nördlichsten Teil der Erde. Das Land ist das ganze Jahr über mit Schnee und Eis bedeckt. Im Winter fallen die Temperaturen oft unter minus 50 °C. In den Wintermonaten wird es gar nicht richtig hell. In den Sommermonaten dagegen geht die Sonne nie ganz unter.

Ich heiße Maria. Im Sommer ist es in meiner Heimat angenehm warm. Die Winter sind meist nicht sehr kalt. Manchmal fällt aber auch Schnee. Im Herbst regnet es am häufigsten. Ich liebe den Frühling, weil die Natur dann wieder erwacht. Typisch bei uns sind die Laub-, Nadel- und Mischwälder.

Mein Name ist Ratib. Wir haben keine Pferde, wir reiten auf Kamelen. Wir leben in einem Beduinenzelt. Tagsüber ist es in meiner Heimat glühend heiß. Es gibt kaum Schatten. Sobald die Sonne untergeht, wird es sehr kalt. Regen gibt es bei uns äußerst selten, deshalb wachsen in der Wüste auch nur Pflanzen, die kaum Wasser brauchen.

 In welchen Klimazonen leben die Kinder? Ordne zu.

 In welcher Klimazone würdest du gern leben und in welcher nicht? Begründe.

→ AH S. 39, 75

So kannst du weiterarbeiten

Planeten-Quiz

Denkt euch Fragen zu den Planeten aus. Zum Beispiel: Welcher ist der größte Planet? In welcher Reihenfolge umkreisen die Planeten die Sonne? Schreibt jede Frage auf eine Karteikarte und die Antwort auf die Rückseite. Ihr könnt auch Bilder dazu malen oder Fotos aufkleben. Veranstaltet ein Klassenquiz.

Außerirdische

Wie könnten Außerirdische aussehen? Male ein Bild und gib ihnen Namen.

Regenwaldbedingungen herstellen

Stülpt eine Glasschüssel über ein Stück feuchte Wiese. Beobachtet, was passiert, wenn die Sonne einige Zeit auf die Glasschüssel scheint. Notiert eure Beobachtungen.

Klimazonen

Erstellt Plakate zu den Klimazonen. Sucht passende Bilder dazu. Welches Land liegt in welcher Klimazone? Schaut im Atlas nach.

Denke weiter

Warum nehmen Bergsteiger auf hohe Berge Sauerstoffflaschen mit?

Könnte ein Kamel auch in der Arktis leben?

Was bedeutet Klimawandel?

Feuer

Experimente mit Feuer

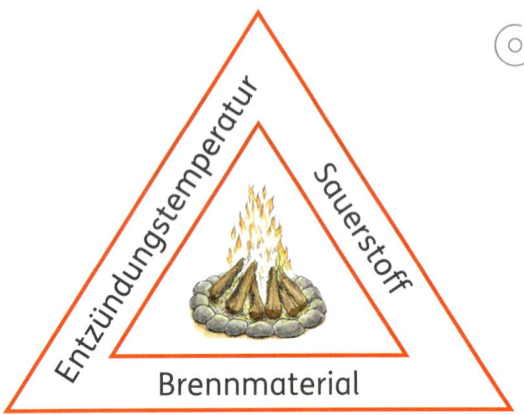

Verbrennungsdreieck

Feuer benötigt drei Voraussetzungen zum Brennen:
Sauerstoff, Wärme und brennbares Material, zum Beispiel Holz, Papier und Textilien.
Entzieht man dem Feuer eine dieser Voraussetzungen, dann erlischt es.

1 Nenne die Voraussetzungen für ein Feuer.

2 Vermute, welche Dinge im Klassenraum schnell Feuer fangen würden. Begründe.

Regeln beim Experimentieren mit Feuer

A	Binde lange Haare mit einem Zopfgummi zusammen.	D	Halte Wasser zum Löschen bereit.
B	Lege lange Ketten, Schals oder Tücher ab.	E	Starte erst mit dem Experiment, wenn ein Erwachsener dabei ist.
C	Experimentiere nur auf einer feuerfesten Unterlage.	F	Halte immer Sicherheitsabstand zum Feuer.

3 Ordne den Bildern die Experimentierregeln zu.

4 Warum gibt es diese Regeln? Begründe.

Die Kerze im Glas

Zünde drei Teelichter an und beobachte die Flammen. Stülpe unterschiedlich große Gläser über die brennenden Teelichter.

Du brauchst:
- drei Teelichter
- unterschiedlich große Gläser
- Streichhölzer
- feuerfeste Unterlage

Test auf Brennbarkeit

Halte die Gegenstände mit einer Zange in die Kerzenflamme. Vermute zuerst. Notiere deine Vermutung ○ und deine Beobachtungen ✗ in einer Tabelle.

Du brauchst:
- Kerze
- Streichhölzer
- Zange
- Gegenstände zur Untersuchung, zum Beispiel Holz, Wolle, Papier, Zapfen, Stein, Plastik
- feuerfeste Unterlage

Stoffe	brennt leicht	braucht lange, bis es anbrennt	schmilzt	brennt nicht
Papier				
Wolle				

Feuer und Rauch

Zünde die Kerze an und lasse sie mindestens eine Minute brennen. Lösche die Kerze und halte sofort ein brennendes Streichholz in die Rauchsäule.

Du brauchst:
- Kerze
- Streichhölzer
- feuerfeste Unterlage

1 Führe diese Experimente durch. Was beobachtest du?

→ AH S. 42

Feuer früher – Feuer heute

Schon in der Steinzeit lernten die Menschen den Nutzen des Feuers kennen. So spendete es den Menschen Wärme und Licht und bot ihnen Schutz vor wilden Tieren. Auch für die Zubereitung des Essens war das Feuer nützlich. Im Alltag der Menschen gewann das Feuer immer mehr an Bedeutung. Zum Beispiel brannte es im Herd und im Kamin, als Fackel und in der Dampflokomotive.

1 Wofür nutzten die Menschen das Feuer früher?

Offenes Feuer ist gefährlich und führte früher oft zu Bränden. Deshalb hat der Mensch das Feuer „eingesperrt". Es brennt zum Beispiel in einem verschlossenen Heizkessel und erwärmt das Wasser für die Heizung.
Für vieles, wozu man früher Feuer gebraucht hat, nimmt man heute Strom. Heute wird das offene Feuer häufig verwendet, um Gemütlichkeit zu schaffen.

1. Wofür nutzen die Menschen heute das Feuer?
2. Warum wird das offene Feuer heute weniger gebraucht?
3. Warum bauen die Menschen noch Kamine, obwohl es doch Heizungen gibt?

Achtung, Brandgefahr!

Entzünde ein Feuer nie alleine!
Lasse dich nie dazu anstiften, mit Feuer zu spielen!
Lasse Feuer nie ohne Aufsicht!

1 Wodurch können Brände entstehen? Erzähle zu den Bildern.

2 Hast du selbst schon einmal eine gefährliche Situation mit Feuer erlebt? Erzähle.

→ AH S. 43

Wenn es brennt

Lösche nie ein Öl-Feuer mit Wasser!

1. Wie verhältst du dich in diesen Situationen richtig?
2. Wie verhältst du dich bei Feueralarm?
3. Was sind Rauchmelder und wozu brauchen wir sie?
4. Welche Fragen müsst ihr beantworten, wenn ihr einen Brand meldet? Spielt es in einem Rollenspiel nach.

Merke!

Wenn du ein Feuer entdeckst, rufe sofort die Nummer 112. Dort musst du diese W-Fragen beantworten:
Wo ist es passiert?
Was ist geschehen?
Wie viele Personen sind verletzt?
Welche Art von Verletzungen?
Warte auf Rückfragen!

→ AH S. 43

Feuerwehr im Einsatz

Feuerwehrleute sind Tag und Nacht einsatzbereit.
Die Aufgaben der Feuerwehr sind:
Löschen, Bergen, Retten und Schützen.

1 Was bedeuten die Aufgaben Löschen, Bergen, Retten, Schützen?
Nenne Beispiele.

Die Feuerwehr löscht Feuer auf verschiedene Arten.

Mit Wasser löschen
Wenn die brennende Stelle überflutet wird, gehen die Flammen aus, weil sie keinen Sauerstoff mehr bekommen. Außerdem wird das Brennmaterial heruntergekühlt.

Mit Sand oder Erde löschen
Sand brennt nicht und ist deshalb zum Löschen geeignet. Die Flammen ersticken, weil sie keinen neuen Sauerstoff bekommen.
Vor allem flüssiges Brennmaterial wird damit gelöscht.

Mit Schaum oder Pulver löschen
Um eine Flamme zu ersticken, kann Schaum oder Pulver genutzt werden. Feuerlöscher sind mit Pulver oder Schaum gefüllt.

2 Wieso darf nicht jedes Feuer mit Wasser gelöscht werden?

3 Wie wird ein Waldbrand gelöscht? Recherchiere.

Feuer und Flamme sein für Feuer-Wörter

In der alten Scheune ist ein Feuer ausgebrochen. Sie **brennt** lichterloh.

Eine Wespe hat Emma in die Hand gestochen. Die Stelle **brennt** heftig.

Ole ist heute lange wach. In seinem Zimmer **brennt** noch Licht.

Die Klasse 4a hat ein Hörspiel aufgenommen. Frau Simon **brennt** für jedes Kind eine CD.

1 Lies die Sätze. Alle Sätze enthalten das Wort **brennt**. Was bedeutet es jeweils? Erkläre.

Redewendungen zum Feuer

1	Feuer und Flamme für etwas sein	A	etwas noch schlimmer machen
2	für jemanden durchs Feuer gehen	B	etwas Gefährliches tun
3	Öl ins Feuer gießen	C	sehr verschieden sein
4	mit dem Feuer spielen	D	begeistert sein
5	wie Feuer und Wasser sein	E	alles für jemanden tun

2 Lies die Redewendungen mit **Feuer**. Ordne die passende Bedeutung zu.

3 Wie hast du bei Aufgabe 2 erkannt, was zusammengehört? Erkläre.

4 Mit dem Wort **Feuer** gibt es viele Sprüche und Redewendungen. Warum?

So kannst du weiterarbeiten

Öllampe

Baut eine Öllampe. Verwendet ein Glas mit Metalldeckel. Bohrt ein Loch in den Deckel und zieht einen Baumwollfaden als Docht hindurch. Gießt Speiseöl in das Glas. Schraubt den Deckel zu. Wenn sich der Docht voll Öl gesaugt hat, könnt ihr ihn anzünden.

 Achtung! Der Deckel kann heiß werden. Beachtet die Regeln von Seite 66!

Streichholzsterne

Lege aus Streichhölzern Sterne und andere Figuren.

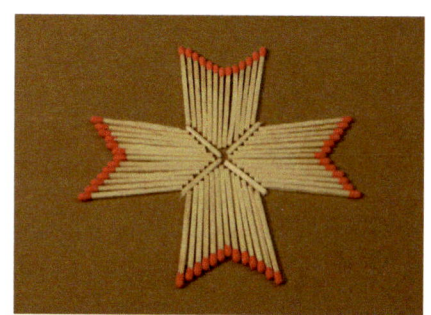

Feuerwehrauto

Besucht eine Feuerwache in eurer Nähe und lasst euch die unterschiedlichen Feuerwehrautos zeigen. Führt ein Interview mit den Feuerwehrleuten.

Lieder und Gedichte zum Feuer

Sammelt Lieder und Gedichte zum Thema Feuer.

Denke weiter

Warum verbrennt sich ein Feuerspucker nicht den Mund?

Wie macht man ein Lagerfeuer?

Wieso brennt ein Streichholz?

Energie

Energie, was ist das?

Überall begegnet uns Energie: Wenn etwas leuchtet oder blinkt, Krach macht oder Musik, heiß oder kalt wird, rollt, runterfällt und aufgehoben wird, fliegt, explodiert, qualmt oder gebraten wird – immer ist Energie beteiligt.
Man kann nicht allen Geräten, Dingen oder Fahrzeugen ansehen, welche Form von Energie sie nutzen. Das kann zum Beispiel Strom sein, Benzin oder Muskelkraft oder auch Wind und Wärme.

Ich habe keine Energie mehr.

1 Was siehst du auf den Bildern? Benenne und beschreibe.
2 Wer oder was auf dem Bild nutzt Energie?
3 Welche Formen von Energie sind hier im Spiel? Vermutet und diskutiert.

Elektrizität, Energie → AH S. 46

Endliche und unendliche Energie

Bei uns ist Strom die meist genutzte Energieform. Fast alle Dinge, die Energie brauchen, lassen sich mit Strom betreiben. Strom gab es nicht immer. Strom muss extra erzeugt werden. In Deutschland werden dazu vor allem Kohle und Erdgas in Kraftwerken verbrannt, um Generatoren anzutreiben. Das Metall Uran liefert Energie für Kernkraftwerke. Erdöl dagegen verbrauchen wir vor allem als Heizöl, als Kraftstoff für Fahrzeuge und zur Herstellung von Plastik.

Die Vorräte von Kohle, Erdgas, Erdöl und Uran werden aber irgendwann verbraucht sein. Außerdem belastet ihre Gewinnung und ihre Nutzung die Umwelt. Uran ist sehr gefährlich.

Zum Glück gibt es umweltfreundliche Alternativen, die uns auch in ferner Zukunft noch zur Verfügung stehen werden: Sonnenenergie, Windenergie, Wasserkraft und Bioenergie aus Biomasse.

> **Was bedeutet ...?**
>
> **Generator**
>
> Ein Generator setzt eine Drehbewegung in Strom um, so wie der Dynamo bei einem Fahrrad.

endliche, nicht erneuerbare Energiequellen	unerschöpfliche, erneuerbare Energiequellen
Kohle	Sonne
Erdgas	Wind
Erdöl	Wasserkraft
Uran	Erdwärme
	Biomasse

> **Was bedeutet ...?**
>
> **Biomasse**
>
> 1. Holz: Brennholz, Pellets
> 2. Energiepflanzen: Mais, Sonnenblumen, Raps
> 3. Biomüll aus Landwirtschaft und Haushalt
>
> Aus Biomasse kann Bioenergie gewonnen werden.

1 Welche Vorteile und welche Nachteile haben Windenergie und Sonnenenergie?

2 Womit werden Kernkraftwerke betrieben?

→ AH S. 47–49, 77   Erdöl, Kohle, Kraftwerk

Urkraft Sonne

 Alle Energie kommt von der Sonne. Stimmt das?

Ohne Sonne, kein Wind

Stimmt! Wind gibt es nur da, wo Luftmassen von der Sonne erwärmt werden und nach oben steigen.

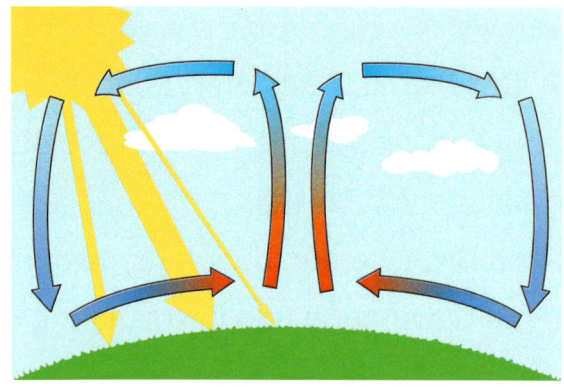

Der Windkreislauf: Wenn die Sonne scheint, steigt warme Luft nach oben und von allen Seiten strömt kalte Luft nach. Das ist der Wind.

Ohne Sonne, keine Wasserkraft

Stimmt! Die Sonne setzt den Wasserkreislauf in Gang. Sie lässt Wasser verdunsten und aufsteigen. Nur so kann es Regen, Flüsse, Seen, Wasserfälle geben.

Ohne Sonne, kein Erdöl und keine Kohle

Selbst das stimmt. Erdöl, Erdgas und Kohle sind vor Urzeiten aus Kleinstlebewesen und Pflanzen entstanden. Ohne Sonne hätte es sie nie gegeben.

Ohne Sonne, keine Pflanzen und keine Tiere

Stimmt, alle Pflanzen brauchen Sonne zum Wachsen und Gedeihen. Tiere fressen Pflanzen oder solche Tiere, die Pflanzen fressen.

Auch du hast deine ganze Energie von der Sonne. Alles, was du isst, gäbe es ohne Sonne nicht, nicht einmal einen einzigen Schokoriegel.

1. Was bewirkt die Sonne alles? Erzähle.
2. Es gibt drei Energiequellen, die überhaupt nichts mit der Sonne zu tun haben. Findest du eine?
3. Woher bekommst du deine Energie zum Laufen und Springen?
4. Verbraucht dein Gehirn auch Energie?

Clevere Energiesparer

Heute gibt es zahlreiche Erfindungen, die uns helfen, Energie und Rohstoffe zu sparen.

1. Welche Erfindungen davon kennst du? Wie funktionieren sie?
2. Welche Ideen zum Sparen von Energie oder Rohstoffen fallen dir noch ein?

Die Kraft von Wind, Wasser und Sonne nutzen

Früher wurde die Kraft des Windes vor allem genutzt, um in Getreidemühlen Korn zu Mehl zu mahlen.

Heute nutzt man Windkraft vor allem zur Stromerzeugung.

Ein Windrad als Lastenaufzug bauen

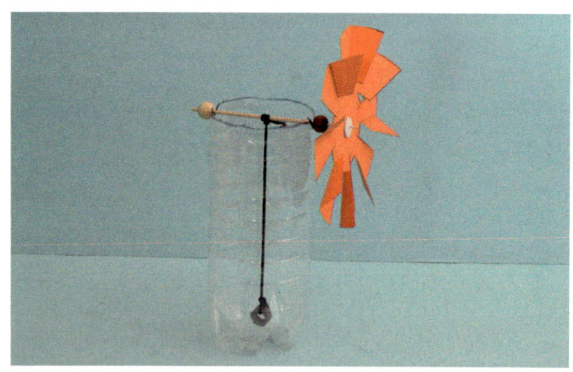

Baue zuerst das Windrad aus Pappe.
Schneide von der Plastikflasche den oberen Teil ab.
Befestige das Windrad, den Faden mit der Mutter und die Perlen so am Holzspieß, wie du es auf dem Bild siehst.
Schneide oben in den Rand der Plastikflasche zwei dreieckige Kerben, die sich gegenüberliegen.
In die Kerben legst du nun den Spieß mit Windrad und Gewicht.

Du brauchst:
- große Plastikflasche
- Holzspieß
- Faden
- Mutter als Gewicht
- Pappe
- Perlen

❶ Baue das Windrad nach. Führe das Experiment durch.

❷ Ist Puste dasselbe wie Wind?

❸ Was kann der Wind noch antreiben?

Ein Wasserrad als Lastenaufzug bauen

Nimm die Schaumstoffscheibe und stich mit einem spitzen Messer an der Seite sechs Schlitze hinein. Stecke die Mundspatel in die Schlitze und klebe sie fest. Piekse den Spieß durch die Korkscheiben und die Schaumstoffscheibe. Binde den Faden mit der Perle an den Spieß. Lege das Wasserrad auf das Gefäß. Gieße Wasser in die Schaufeln des Rades.

Du brauchst:
- Schaumstoffscheibe, z. B. von einer Schwimmnudel, ca. 6 cm breit
- Holzspieß
- sechs Mundspatel
- Korkscheibe
- großes Gefäß
- Krug mit Wasser
- Klebstoff
- Faden mit Perle
- spitzes Messer Sei damit vorsichtig!

① Baue das Wasserrad nach.

Wasser reinigen mit Sonnenkraft

Du brauchst:
- Folie
- Stein
- Schale
- Glas
- schmutziges Wasser

Stelle in eine Schale mit Schmutzwasser ein leeres Glas und bedecke die Schale mit Folie und einem Stein. Stelle die Schale in die Sonne.

  ② Führt das Experiment durch und beobachtet, was passiert. Vergleiche das Wasser im Glas mit dem Wasser in der Schüssel.

  ③ Wiederholt das Experiment mit gesalzenem Leitungswasser.

Der elektrische Stromkreis

Alle Geräte, die mit elektrischem Strom betrieben werden, brauchen zwei Leitungen. Durch eine fließt der Strom zum Gerät, durch die andere zurück zur Stromquelle, zum Beispiel einer Batterie oder Steckdose. Nur wenn dieser Stromkreis geschlossen ist, funktioniert das Gerät. Mit einem Schalter kann man den Stromkreis unterbrechen und das Gerät anschalten und ausschalten. Bei vielen Geräten kann man die Leitungen nicht sehen, zum Beispiel in einer Lampe. Die Leitungen müssen auch keine Kabel sein. Alle Materialien und Gegenstände, die Strom durchlassen, können als Leiter benutzt werden.

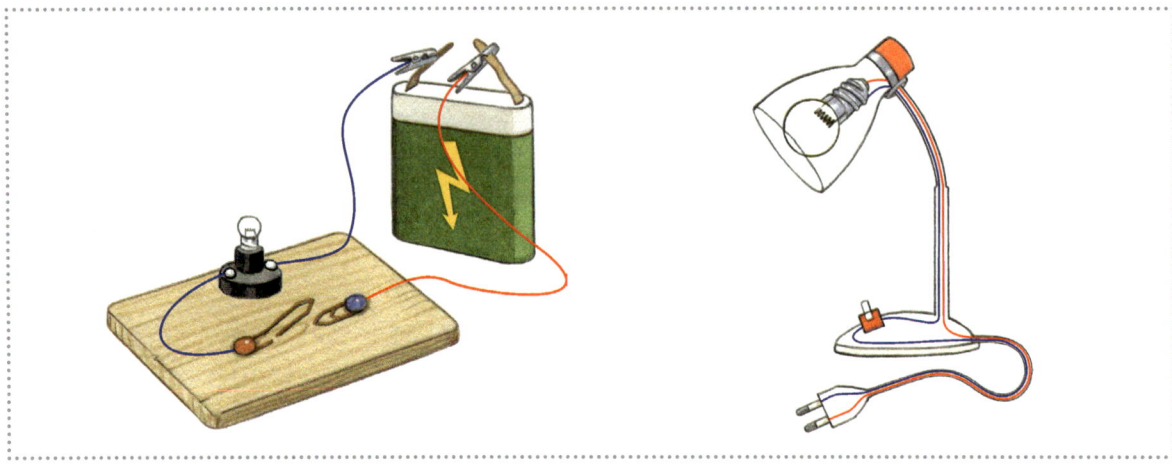

Was leitet den Strom und was nicht?

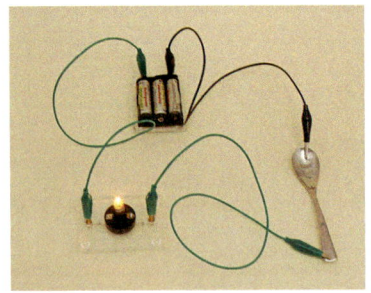 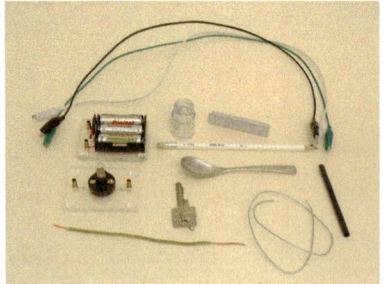

Du brauchst:
- Batterie
- Lämpchen mit Fassung
- drei Prüfkabel
- Dinge aus Plastik, Metall, Holz, Gummi, Aluminium, ...

Verbinde das Lämpchen mit der Batterie, wie auf dem linken Bild. Schließe den Stromkreis zwischen den Klemmen mit verschiedenen Dingen.

1 Führe das Experiment durch.
Prüfe, welche Materialien den Strom leiten und welche nicht. Lege eine Tabelle an.

Strom aus der Steckdose ist lebensgefährlich. Finger weg! ⚠️

82 Glühlampe

Heißer Draht

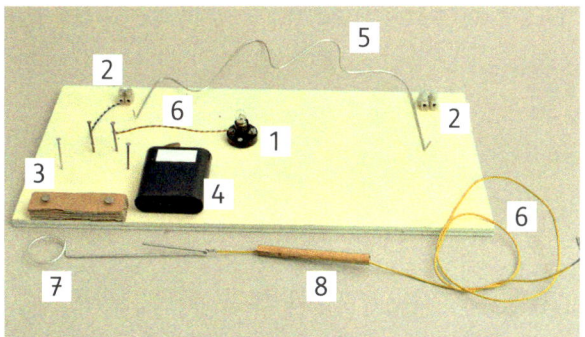

Du brauchst:

- 4,5 Volt-Flachbatterie
- Lämpchen mit Fassung
- Klingeldraht
- zwei 2 mm dicke Aluminiumdrähte, ca. 100 cm und 30 cm lang
- zwei Lüsterklemmen
- Stück Bambusstab
- kurze Leiste
- Holzbrett
- kleine Schrauben
- Nägel

Befestige die Lampenfassung (1), die beiden Lüsterklemmen (2) und die Leiste (3) so auf dem Brettchen, wie du es auf dem oberen Bild siehst. Lege die Batterie (4) an ihren Platz und schlage rechts und links von ihr einen Nagel ein. Zwei weitere Nägel kommen direkt vor die Batterie, so dass sie Kontakt zu den beiden Anschlüssen haben. Den langen Aluminiumdraht (5) biegst du zum „heißen Draht" zurecht, knickst die Enden um und schraubst sie in den Lüsterklemmen (2) fest. Entferne an allen Enden der Klingeldrahtstücke (6) die Isolierung. Nimm Klingeldraht und verbinde den linken Batteriekontakt mit der linken Lüsterklemme und den rechten mit der Fassung. Biege ein Ende eines Aluminiumdrahtes zu einer Öse (7). Das andere knickst du wie auf dem oberen Bild und umwickelst es mit dem blanken Ende eines langen Stücks Klingeldrahtes. Die Verbindungsstelle steckst du in den Bambusstab (8). Das wird der Griff. Das freie Ende des langen Klingeldrahts kommt an den zweiten Kontakt der Lampenfassung (1).

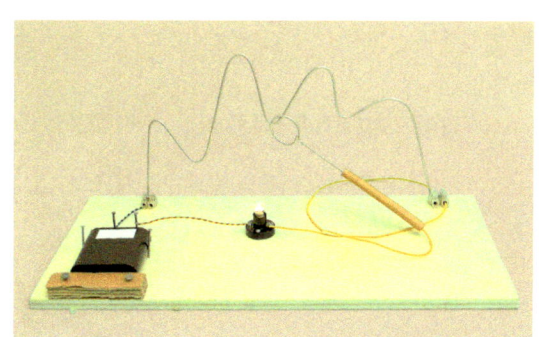

So wird gespielt:

Führe die Öse über den heißen Draht, ohne ihn zu berühren. Wenn du ihn berührst, leuchtet das Lämpchen auf. Das nächste Kind ist dran.

1. Baue die Anlage nach.
2. Wie verläuft der Stromkreis in dieser Anlage?
3. Spielt das Spiel. Wer schafft es, dass das Lämpchen nicht leuchtet?

Energie lässt sich umwandeln

Alle Energieformen lassen sich in andere umwandeln. Dabei geht leider immer ein Teil nutzbarer Energie verloren.

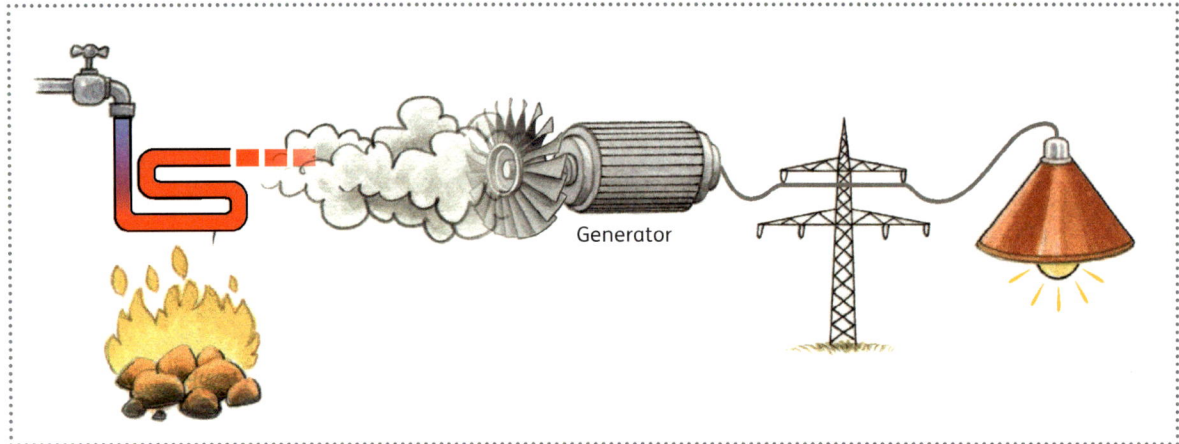

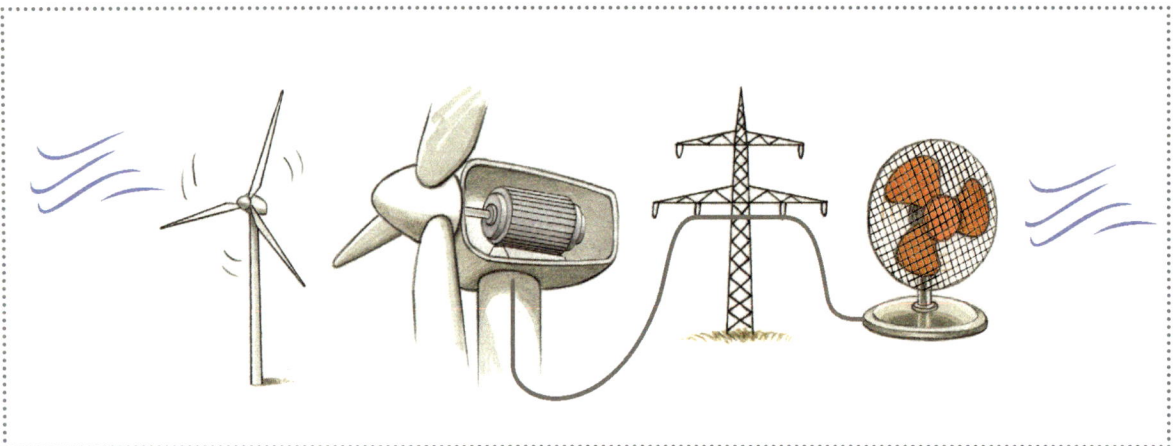

Viel Wärme, wenig Licht

Es ist dir sicher schon aufgefallen, dass alte Glühbirnen so heiß werden, dass man sie nicht anfassen kann. Tatsächlich wird hier der meiste Strom in Wärme umgewandelt, nur ein kleiner Teil in Licht. Bei den modernen LED ist das genau umgekehrt.

Was bedeutet ...?

LED
engl.: **l**ight-**e**mitting **d**iode
Light = Licht
emitting = aussenden
→ lichtaussendende Diode

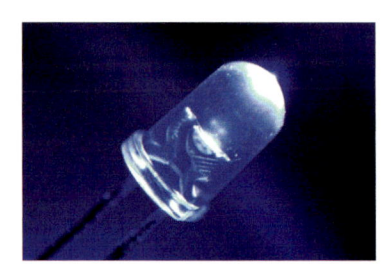

① Beschreibe die Energieumwandlung in den Beispielen.

② Welche anderen Beispiele für Energieumwandlung fallen dir noch ein?

③ Welche Vorteile haben LED-Lampen?

Energie speichern

Wie lässt sich Energie speichern, die gerade nicht gebraucht wird? Es gibt verschiedene Möglichkeiten.

Stromspeicher

Strom kann in Akkus gespeichert werden, die sich wieder aufladen lassen. Viele Geräte können mit Akkus betrieben werden: Handys, Staubsauger, sogar Autos.

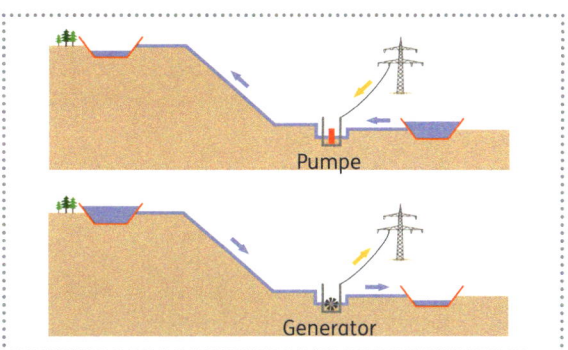

Pumpspeicherkraftwerk

Bei einem Pumpspeicherkraftwerk wird mit überflüssigem Strom Wasser in ein hochgelegenes Becken gepumpt. Bei Bedarf kann damit später ein Generator Strom erzeugen.

Wärmespeicher

Um Wärme zu speichern, kannst du eine Thermoskanne, eine Wärmflasche oder einen erhitzten Ziegelstein benutzen.

Federkraft

Eine gespannte Feder oder ein verdrehtes Gummiband sind einfache Mittel, um Bewegungsenergie zu speichern. Damit funktionieren zum Beispiel Uhrwerke zum Aufziehen, Katapulte oder der Gummimotor bei Modellautos.

1. Wie kann man Energie speichern? Erkläre.

Stausee

So kannst du weiterarbeiten

Aufziehkarussell

Bau dir ein Aufziehkarussell. Bohre in Deckel und Boden einer Plastikflasche ein Loch und fädle ein Gummiband durch. Befestige es unter dem Boden und stecke oben einen Stab durch das Gummiende. Hänge lustige Figuren an den Stab und drehe ihn auf.

Heißer Stein – kalter Stein

Bemalt Steine mit schwarzer und weißer Farbe und lasst die Sonne draufscheinen.

Stromausfall – was nun?

Schreibt in eine Liste, was alles ohne Strom nicht funktioniert. Tragt in die Liste ein, wie man sich behelfen könnte.

Sonnenfingerheizung

Bastle dir eine Sonnenfingerheizung.

Denke weiter

Warum werden immer mehr Atomkraftwerke abgeschaltet?

Wie funktioniert ein Solarspringbrunnen?

Warum ist Strom aus der Steckdose lebensgefährlich – der Strom aus der Batterie aber nicht?

Bauen und konstruieren

Fahrzeuge aus Alltagsmaterialien bauen

Fahrzeuge begegnen uns überall. Ohne Autos, Lastwagen oder Baumaschinen würden wir viele Dinge in unserem Alltag nicht bewältigen können.

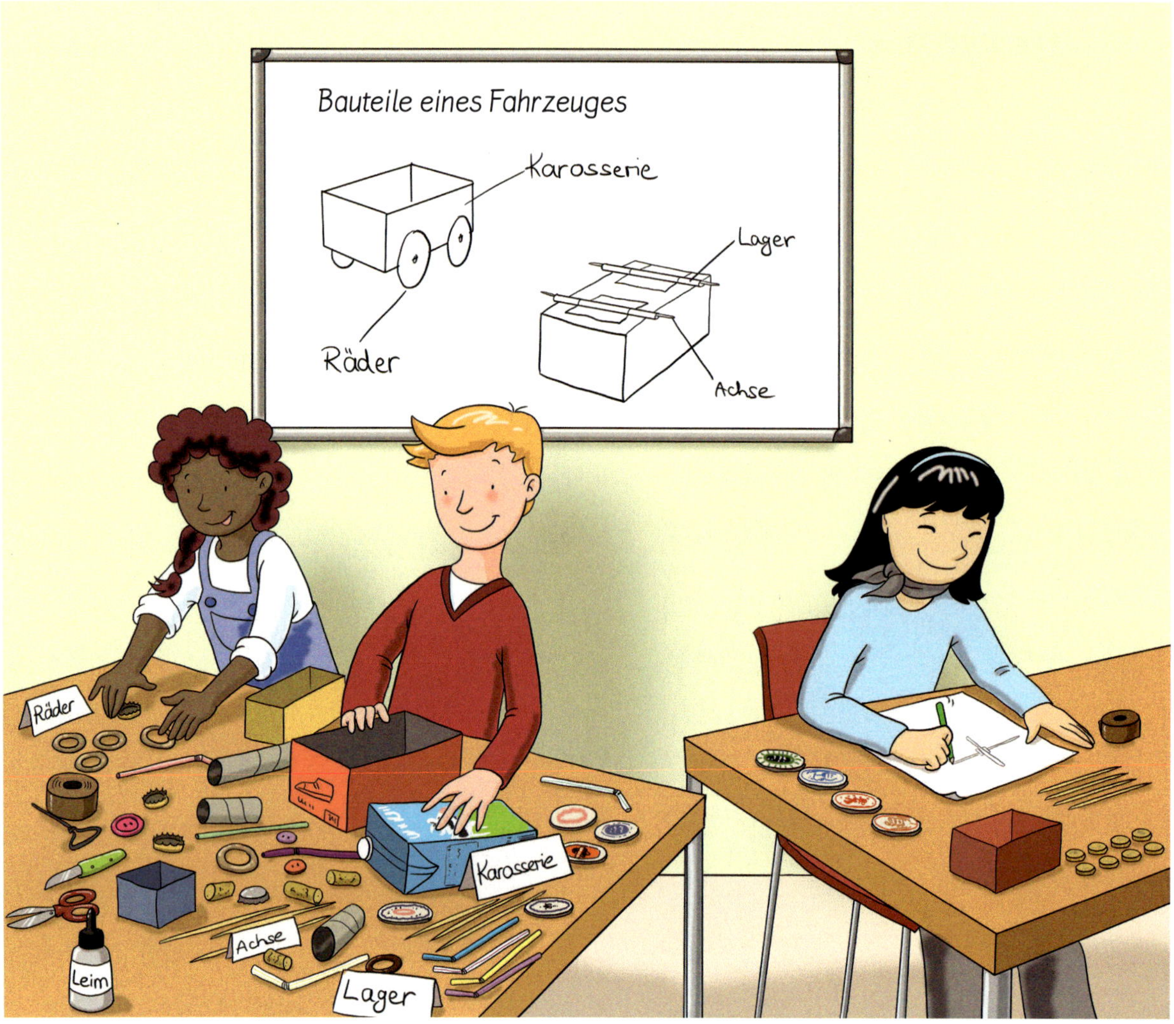
Bauteile eines Fahrzeuges
Karosserie
Lager
Räder
Achse
Räder
Karosserie
Achse
Leim
Lager

1 Aus welchen wichtigen Bauteilen besteht ein Fahrzeug?

2 Sammelt verschiedene Alltagsmaterialien. Für welches Bauteil eignet sich welches Material? Sortiert und begründet.

Seite 135 3 Fertige eine Sachzeichnung deines Fahrzeuges an.

4 Wie können die einzelnen Bauteile beweglich miteinander verbunden werden? Sammelt Ideen.

5 Baue dein Fahrzeug. Beachte die „Checkliste für ein gut rollendes Fahrzeug“ auf Seite 89.

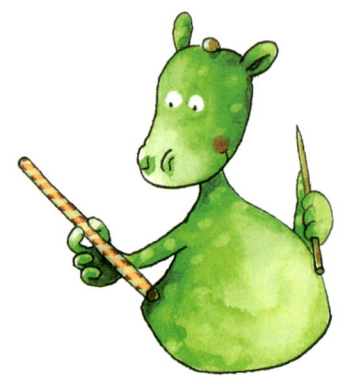

Entweder die Achse oder die Räder müssen beweglich sein.

1. Welche Ideen und Problemlösungen haben die Kinder für Oles Fahrzeug gefunden? Erkläre und zeige sie an einem Fahrzeugmodell.

2. Überprüfe mithilfe der Checkliste die Rollfähigkeit deines Fahrzeuges. Kannst du sie verbessern?

3. Welche Schwierigkeiten sind beim Bau eurer Fahrzeuge aufgetreten? Stellt Probleme und technische Lösungen vor. Fertigt Sachzeichnungen mit Beschriftungen an.

→ AH S. 51

Wie funktioniert ein Schloss?

Um eine Tür abzuschließen, kann man einen Riegel oder ein Schloss verwenden. Ein Riegel, wie bei Toilettentüren, lässt sich nur von einer Seite der Tür schließen und öffnen (1). Für eine Haustür dagegen brauchst du ein Schloss mit einem Schlüssel (2). Damit lässt sich die Tür von außen und innen aufschließen und zuschließen. Früher waren die Schlüssel groß und schwer (3). Für die heutigen Sicherheitsschlösser sind sie klein und flach. Ganz moderne Schlösser lassen sich per Funk, mit Fingerabdruck oder mit einer Geheimzahl öffnen, die man in ein Tastenfeld eintippt (4).

Was geschieht eigentlich in einem Schloss?

Bei allen Schlössern mit Schlüsseln ist das Prinzip gleichgeblieben. Mit dem richtigen Schlüssel kannst du einen Riegel hin- und herschieben, der in eine Aussparung im Türrahmen passt.

Tür ist verschlossen

Du brauchst:
- dicke Pappe
- Leim
- Schere
- Bartschlüssel

Tür wird geöffnet

Tür ist offen

1 Welche Schlösser kennst du noch?

2 Wie funktioniert ein Schloss? Beschreibe.

3 Baue ein Modell von einem Schloss aus Pappe.

→ AH S. 52

Kurbel-Antrieb

Diese Bohrmaschine hat keinen Motor. Sie wird mit der Hand angetrieben. Wenn du an der Kurbel drehst, dreht sich auch der Bohrer, nur schneller. Kurbelrad und Bohrer sind über Zahnräder miteinander verbunden.

Ganz ähnlich funktioniert diese Tanzpuppe, nur dass sie keine Zahnräder braucht.
Du drehst seitlich an der Kurbel und die Puppe tanzt im Kreis. Die Bewegung wird durch die Schaumstoffscheiben übertragen.

Du brauchst:
- Schaumstoffscheiben
- Trinkhalm
- Holzspieße
- Pappkarton
- Korken

1. Kennst du noch andere Geräte, die mit einer Kurbel angetrieben werden?
2. Baue eine Tanzpuppe.
3. Was musst du verändern, damit deine Puppe auf und ab tanzt? Fertige eine Sachzeichnung an.

So kannst du weiterarbeiten

Einen Rollwettbewerb veranstalten

Baut eine Rampe und lasst eure Fahrzeuge rollen. Welches Fahrzeug rollt am besten und gewinnt den Pokal?

Schlüsselabdrücke gestalten

Legt weißes Papier über verschiedene Schlüssel. Arbeitet mit Wachsmalstiften und bewegt diese mit leichtem Druck über das Papier. Gestaltet so Muster oder Gegenstände.

Einen Luftballon-Antrieb bauen

Kannst du dein Fahrzeug mithilfe eines Luftballons antreiben? Plane, baue und erprobe an deinem Automodell.

Tipps und Tricks beim Fahrzeugbau

Welche Tipps und Tricks haben euch beim Bauen eurer Fahrzeuge geholfen? Sammelt sie und stellt sie in einem Heft zusammen.

Denke weiter

Wie können Menschen Verantwortung für technische Erfindungen übernehmen?

Was ist ein Dietrich?

Was kannst du tun, wenn du dich ausgesperrt hast?

Wie es früher war

Leben im Mittelalter

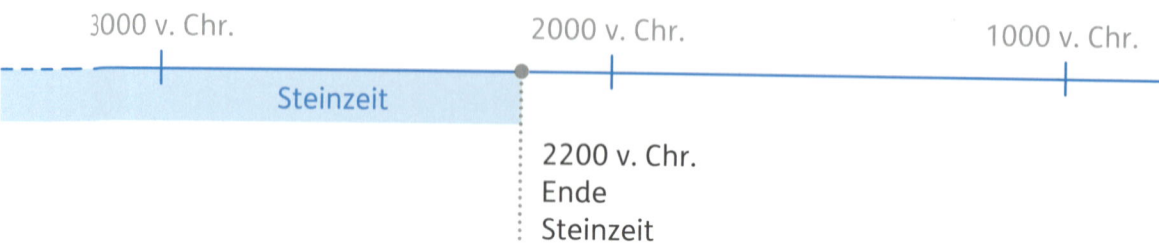

Aus kleineren Orten entwickelten sich im Mittelalter durch die Ansiedlung vieler Menschen Städte. Dabei spielten die Märkte eine wichtige Rolle. Händler, Handwerker und Bauern verkauften hier ihre Waren.

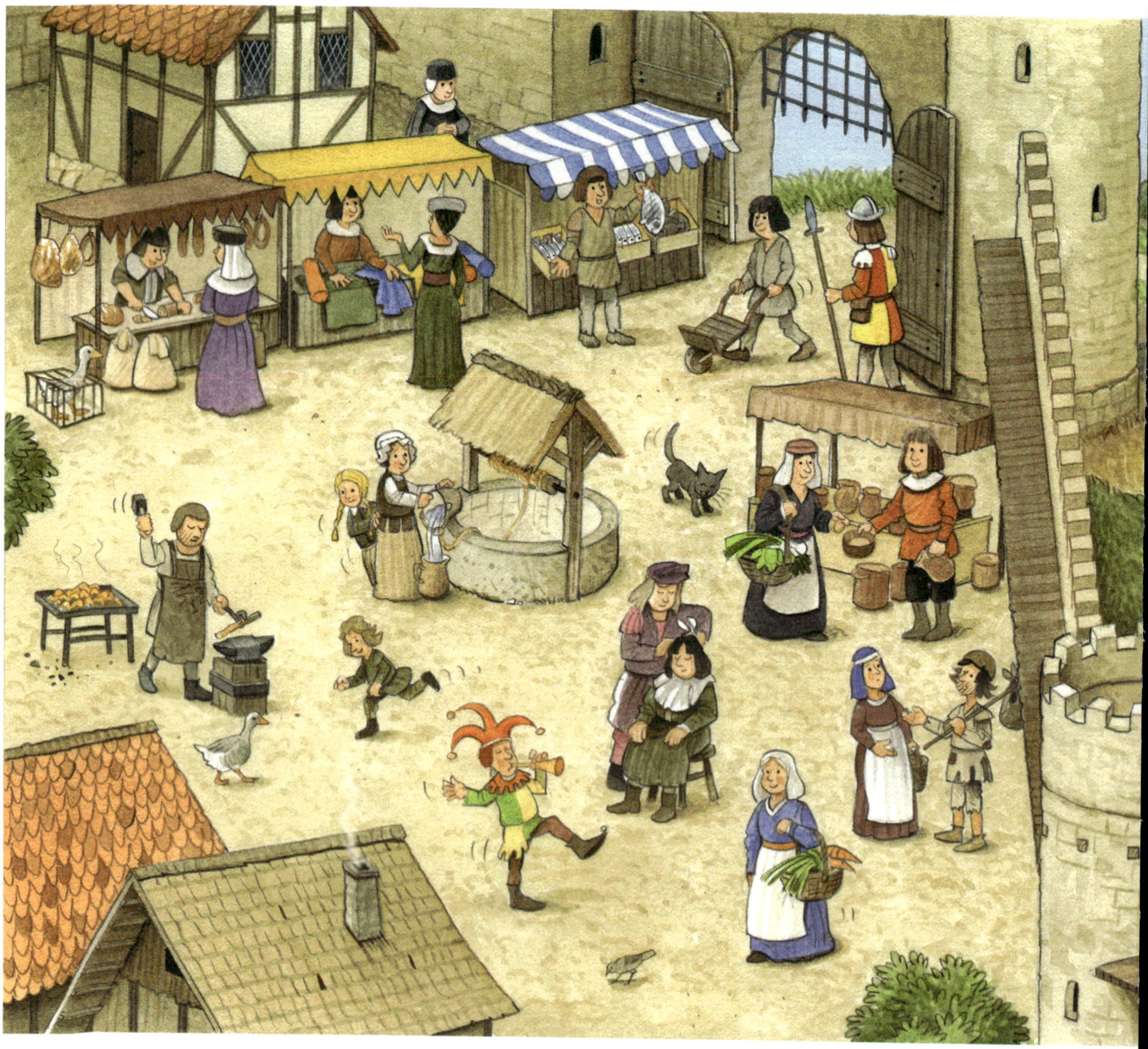

1 Was weißt du über das Mittelalter? Erstelle eine Mindmap.

2 Wie war es im Mittelalter? Erzähle zum Bild. Welche Berufe erkennst du?

Mittelalter → AH S. 54, 78

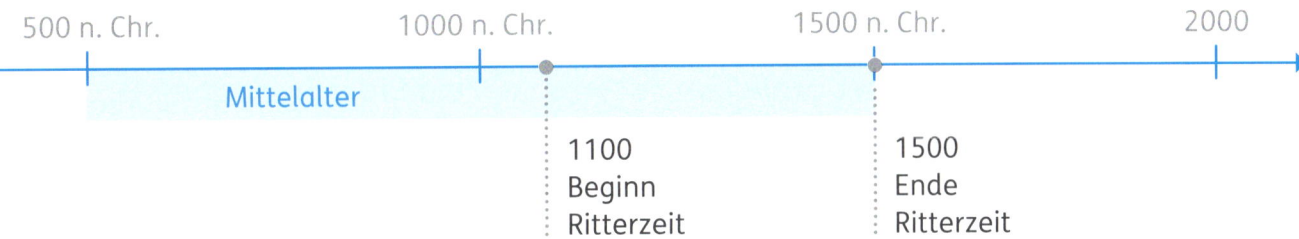

Im Mittelalter waren die meisten Menschen sehr arm. Sie waren Bauern oder Diener für die reichen Könige, Grafen und Fürsten. Die Bauern mussten den größten Teil ihrer Ernte an ihren Herren abgeben.

❶ Warum stehen die meisten Burgen auf einem Berg? Vermute.
❷ Vergleiche das Leben der Adligen mit dem Leben der Bauern?

→ AH S. 54, 78

Auf der Burg

In Burgen fanden die Burgherren mit ihren Bediensteten, die Ritter, die Bauern und die Bürger der Umgebung Schutz vor Feinden. Eine Zugbrücke führte über den Burggraben und konnte bei Gefahr hochgezogen werden. Über dem Tor war eine Pechnase angebracht. Durch diese wurden heißes Wasser, Fett oder Pech über die Angreifer geschüttet. Hinter den Toren öffnete sich der Burghof mit dem Brunnen und dem Bergfried. Der Bergfried war das höchste Gebäude mit mächtigen Mauern. Zu jeder Burg gehörten eine Kapelle und Ställe für die Pferde, Kühe und Schweine. Der Burgherr wohnte mit seiner Familie im Haupthaus der Burg, dem sogenannten Palas. Dort gab es eine Küche, einen großen Saal und einen beheizbaren Raum, die Kemenate. Die Kemenate war der Wohnraum für die Frauen.
Auf den Burgen wurden häufig Ritterturniere veranstaltet und anschließend große Feste gefeiert.

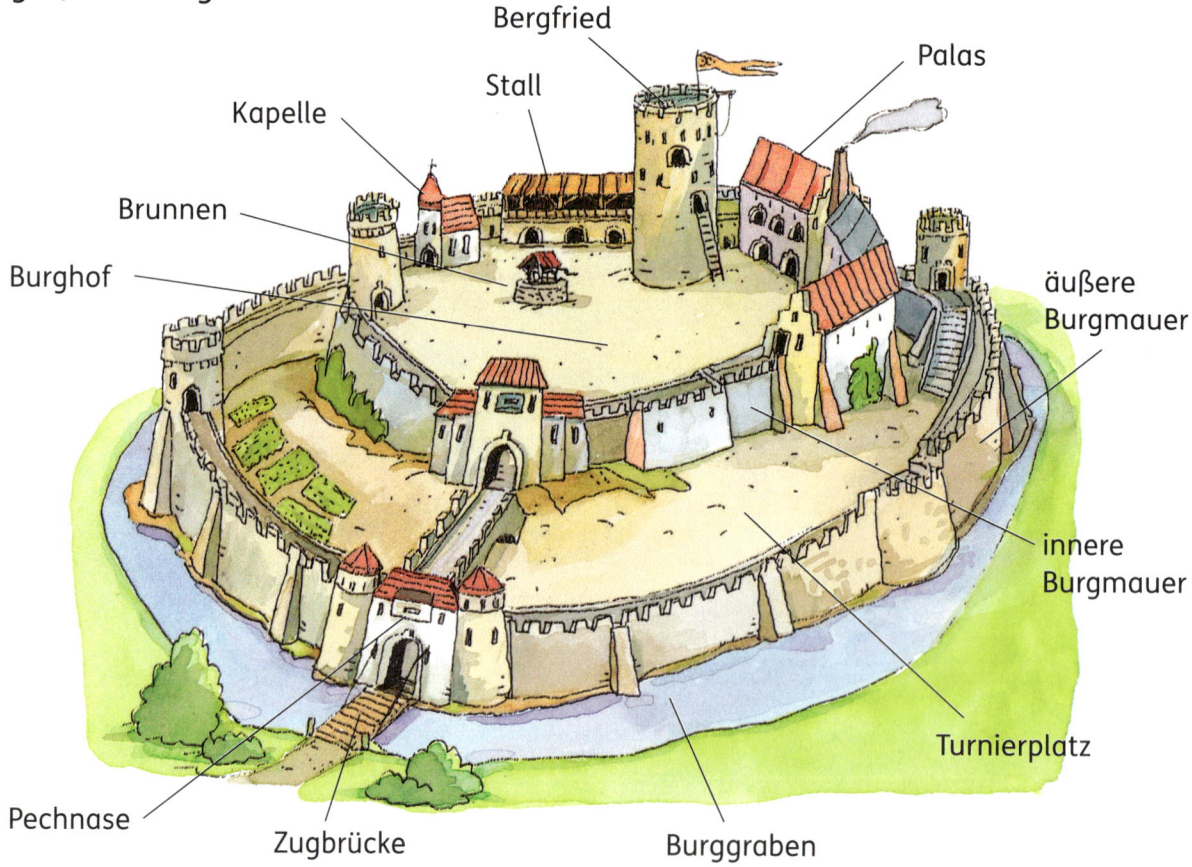

1. Beschreibe den Aufbau einer Burg genau. Welche Gebäude gab es und wozu dienten sie?
2. Wie lief ein Ritterturnier ab und wie wurde anschließend gefeiert? Recherchiere und halte dazu einen Vortrag.

Spuren aus dem Mittelalter

Auch heute findet man noch Spuren aus dem Mittelalter. Man kann Burgen, Klöster oder Ruinen aus dieser Zeit besuchen. In Museen sind zum Beispiel alte Schriften, Ritterrüstungen, Waffen, Gefäße, Schmuck oder Kleidung ausgestellt. Auf Mittelaltermärkten wird sogar das Leben von damals nachgestellt.

Burgruine Königstein Taunus

Stadtmauer Euskirchen

mittelalterliche Bücher im Museum

Ritterrüstung

Burg Lahneck

Mittelaltermarkt von heute

1. Hast du schon mal ein Gebäude oder einen Gegenstand aus dem Mittelalter gesehen? Berichte.
2. Gibt es Spuren vom Mittelalter in deiner Umgebung? Gestalte dazu ein Plakat.

Die Ritter

Ritter waren Soldaten, die gut reiten und mit Waffen umgehen konnten. Doch nur Söhne aus adligen Familien konnten Ritter werden. Die Ritterrüstung wurde aus Eisen geschmiedet. Sie bot dem Ritter Schutz und schmückte ihn. Eine Ritterrüstung wog bis zu 48 Kilogramm. Der Ritter konnte sich darin nur schwer bewegen.

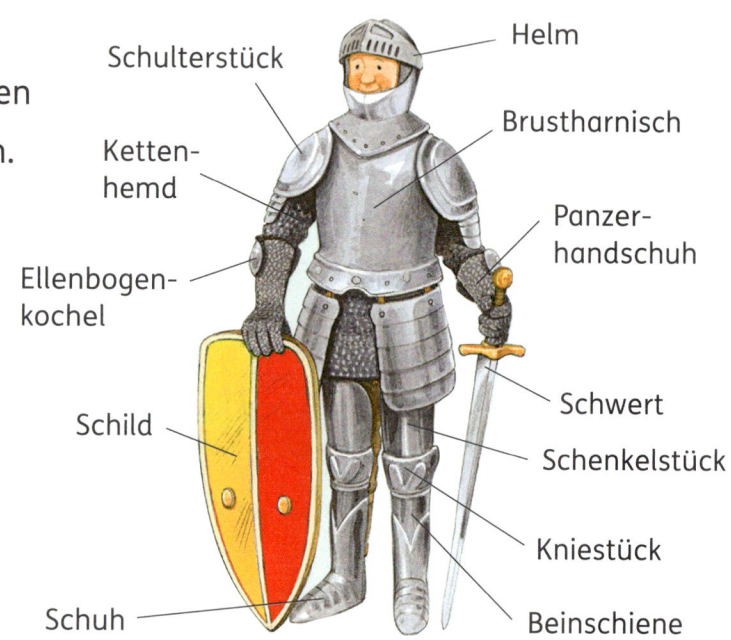

Schulterstück – Helm – Kettenhemd – Brustharnisch – Ellenbogenkachel – Panzerhandschuh – Schild – Schwert – Schenkelstück – Kniestück – Schuh – Beinschiene

Für die Ausbildung zum Ritter verließen die Jungen mit 7 Jahren ihre Familien. Sie zogen auf eine andere Burg. Dort dienten sie anderen Rittern als Pagen. In dieser Zeit lernten sie reiten, jagen, tanzen und gutes Benehmen.
Mit 14 Jahren begann ihre Lehrzeit als Knappe. Immer wieder mussten sie üben, mit Schwert und Lanze umzugehen. Mit 21 Jahren konnten sie zum Ritter geschlagen werden.

1. Beschreibe die Ritterrüstung.
2. Schau dir die Bilder genau an. Was schaffte der Ritter nicht alleine? Begründe.
3. Beschreibe die Ausbildung zum Ritter mit eigenen Worten.
4. Wärst du gern ein Ritter gewesen? Diskutiert Vorteile und Nachteile.

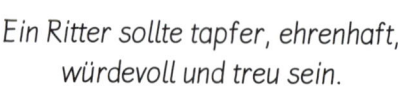

Ein Ritter sollte tapfer, ehrenhaft, würdevoll und treu sein.

→ AH S. 56

Kinder im Mittelalter

Die Familien hatten viele Kinder. Die älteren Geschwister passten auf die jüngeren auf.

Es gab noch keine Toilettenspülung. Jeglicher Abfall landete oft auf den Straßen.

Die Eltern entschieden, welchen Beruf das Kind später übernimmt. Söhne von Bauern wurden später selbst Bauern.

Schon ab vier Jahren mussten die Kinder bei der Feldarbeit und im Haushalt helfen.

Der Glaube war für die Menschen sehr wichtig.

Nur Kinder aus reichen Familien und Mönche lernten lesen und schreiben.

1 Vergleiche dein Leben mit dem der Kinder im Mittelalter.

Gab es Hexen im Mittelalter?

Im Mittelalter wurden viele Frauen und Männer als Hexen und Hexer angeklagt und verfolgt. Man sagte ihnen nach, dass sie mit dem Teufel in Verbindung stünden und Zauberkräfte hätten. Jedoch waren sie nur auffällig, zum Beispiel durch ihr Aussehen und ihr Wissen über Pflanzen und Kräuter.

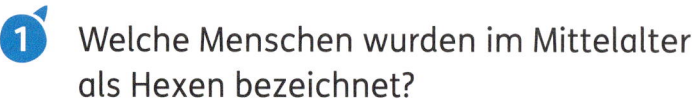
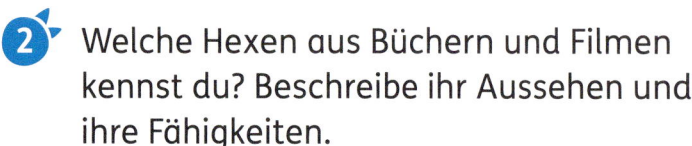

1 Welche Menschen wurden im Mittelalter als Hexen bezeichnet?

2 Welche Hexen aus Büchern und Filmen kennst du? Beschreibe ihr Aussehen und ihre Fähigkeiten.

Gewusst?

Die Frauen und Männer, die man als Hexen bezeichnete, stellte man auf die „Hexenprobe". Dabei war es ihnen allerdings unmöglich, ihre Unschuld zu beweisen.

Typisch Märchen!

- Es war einmal …
- Neulich in der Bäckerei …
- Vor langer, langer Zeit …
- In einem fernen Lande lebte einmal …
- Mit einem Knall hob die Rakete ab und …
- Eine wundersame alte Geschichte erzählt uns von …
- Ole, Marek und Lotte wollen heute …
- An einem Dienstagmorgen …

1 Lies. Welche Satzanfänge könnten zu einem Märchen gehören, welche eher nicht?

2 Woran hast du erkannt, welche Satzanfänge zu einem Märchen gehören könnten und welche nicht? Erkläre.

- Knabe
- Herberge
- Gemahl
- Almosen
- verdrossen
- Zofe
- Rappe
- verspeisen

- etwas, das man einem armen Menschen schenkt
- Ehemann
- eine Frau, die für eine reiche oder adelige Frau als Dienerin arbeitet
- Junge
- etwas mit Genuss essen
- ein Gasthaus, in dem man auch übernachten kann
- unzufrieden
- ein Pferd mit schwarzem Fell

3 In Märchen aus alter Zeit werden oft Wörter verwendet, die wir heute nicht mehr benutzen. Versucht, Wörter und Erklärungen zuzuordnen. Fragt auch nach.

So kannst du weiterarbeiten

Burgen bauen

Überlegt, was für ein Burgmodell ihr bauen wollt und welches Material ihr braucht, zum Beispiel Papier, Bauklötze oder Schachteln. Stellt auch passende Figuren her. Macht eine Ausstellung.

Ritterfiguren aus Blech

Baue aus Blechdosen, alten Metallgegenständen, Aluminiumfolie und Draht deinen eigenen Ritter.

Ritterschild

Zeichne auf Karton den Umriss von einem Schild. Bemale ihn mit einem Ritterwappen und schneide den Schild aus. Befestige hinten am Schild eine Lasche.

Spiele aus dem Mittelalter – Hufeisenspiel

Werft abwechselnd Hufeisen auf einen Holzstab. Dieser muss fest im Boden stecken. Wer am nächsten mit seinem Hufeisen am Stab ist, gewinnt das Spiel.
Überlegt euch, was ihr anstelle des Hufeisens auch nehmen könntet.

Denke weiter

Was war die Pest?

Was sind Gaukler?

Was ist ein Ritterschlag?

Unterwegs im Verkehr

103

Entwicklung des Fahrrades

1817   1866   1870

Laufrad von Karl Drais

Fahrrad mit Pedale von Pierre Michaux

Hochrad

Das Fahrrad wurde im Laufe vieler Jahre ständig weiterentwickelt. Das erste Rad funktionierte noch genau wie ein Kinderlaufrad: Es hatte keine Pedale. Der Fahrer ging oder lief und saß dabei auf einem Sattel zwischen Vorder- und Hinterrad. Erst seit der Erfindung der Pedale brauchte der Fahrer den Boden kaum noch mit den Füßen zu berühren. Die Pedale waren direkt am Vorderrad angebracht.

Beim Start musste der Fahrer noch angeschoben werden. Aber war das Fahrrad einmal in Fahrt, kam er mit dem Treten kaum hinterher. Das führte zur Erfindung des Hochrades. Für die gleiche Strecke musste der Fahrer deutlich weniger strampeln. Doch durch die hohe Sitzposition kam es oft zu schlimmen Unfällen.

Mit der Erfindung des Kettenantriebs vor rund 132 Jahren war dann vorerst die endgültige Fahrradform gefunden. Auch moderne Modelle, wie zum Beispiel Rennräder, Mountainbikes und Falträder, funktionieren mit Kettenantrieb.

Die neuste Erfindung ist das E-Bike. Ein Elektromotor unterstützt den Fahrer beim Treten.

1 Wie hat sich das Fahrrad im Laufe der Zeit entwickelt? Erkläre.

2 Welche Vorteile hat das Fahrrad im Vergleich zu anderen Verkehrsmitteln?

1879　　　　　　　　　　　　1980　　2005

erstes Fahrrad mit Ketten-　　Sportrad　　　　　E-Bike
antrieb von Harry John Lawson

Heute hat fast jedes Fahrrad einen Kettenantrieb. Wenn du in die Pedale trittst, dann überträgt eine Kette die Drehbewegung auf das Hinterrad. Wie das funktioniert, kannst du selbst mit einem Modell herausfinden.

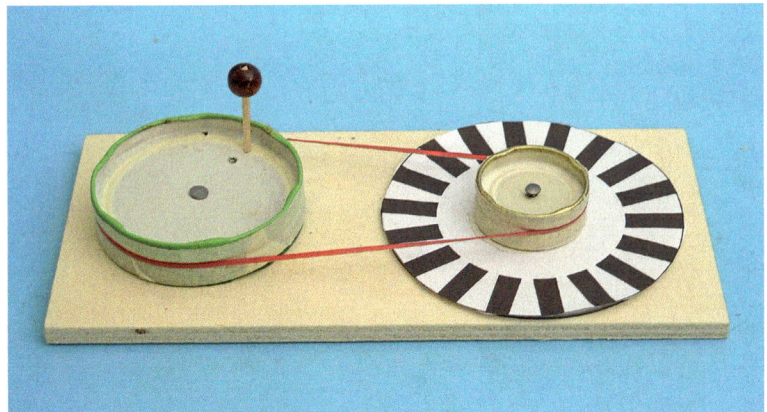

Du brauchst:
- 2 kleine und 2 große Schraubverschlüsse
- Klebeband
- Gummiband
- Holzbrett
- Stift mit Perle
- Nägel
- Hammer

Wenn du an dem Stift drehst, überträgt das Gummiband die Bewegung auf das rechte Rad.

❶ Drehen sich die beiden Räder gleich schnell? Beobachte.

❷ Vergleiche dein Modell mit der Zeichnung. Welche Teile auf der Zeichnung entsprechen welchen Teilen bei deinem Modell? Ordne zu.

❸ Kette oder Gummiband, was ist besser? Begründe deine Meinung.

❹ Was bewirkt die Gangschaltung an einem Fahrrad? Beschreibe.

Das Fahrrad prüfen

Damit dein Fahrrad verkehrssicher ist und lange hält, musst du es regelmäßig warten und pflegen.

- Vorderradbremse muss funktionieren
- Glocke muss funktionieren
- Hinterradbremse muss funktionieren
- Großflächenrückstrahler muss sauber sein
- weißer Frontreflektor muss sauber sein
- Scheinwerfer muss funktionieren
- Pedalreflektor muss sauber sein
- rote Schlussleuchte muss funktionieren
- Dynamo muss funktionieren
- Speichenrückstrahler muss sauber sein
- Fahrradkette hängt nicht durch
- Rad Schrauben sind festgezogen
- Reifen haben noch genügend Profil und genügend Luft

Luft und Profiltiefe am Reifen prüfen

Sattelhöhe richtig einstellen

Vorderradbremse und Hinterradbremse prüfen

1. Welche Teile deines Fahrrades musst du auf Verkehrssicherheit überprüfen? Begründe.
2. Wie überprüfst du diese Teile? Beschreibe.
3. Untersuche dein Fahrrad auf Verkehrssicherheit.

Verkehrsregeln und Verkehrszeichen

Jeder, der auf der Straße oder dem Gehweg unterwegs ist, muss sich mit Verkehrszeichen auskennen.
Sie warnen vor Gefahren, verbieten etwas oder geben Hinweise, die den Verkehr regeln.

1. Was bedeuten die Schilder? Erkläre sie deinem Partner.

2. Finde Straßenschilder in deiner Umgebung. Trage sie in eine Tabelle ein, zähle sie und schreibe ihre Bedeutung auf.

Straßenschild	so oft gesehen	Bedeutung
	III	Achtung, Baustelle!

→ AH S. 59

Sicher im Straßenverkehr

Verlassen eines Grundstückes

1 Beschreibe mithilfe der Bilder, wie du ein Grundstück richtig verlässt. Worauf musst du besonders achten?

2 Was tust du, wenn du in eine andere Richtung als auf dem Bild losfahren möchtest? Erkläre.

Bis zu deinem 10. Geburtstag darfst du auf dem Gehweg fahren.

Vorbeifahren an Hindernissen

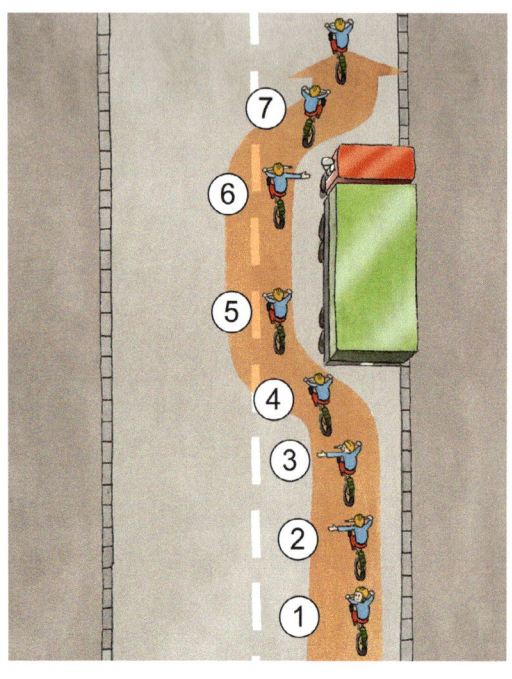

1 über die linke Schulter umsehen

2 wenn keiner kommt, Handzeichen links geben

3 noch einmal umsehen und links einordnen, wenn kein Autofahrer kommt

4 Gegenverkehr beachten

5 mit Sicherheitsabstand am Hindernis vorbeifahren

6 Handzeichen rechts geben

7 wieder einordnen

3 Wie fährt man richtig an einem Hindernis vorbei? Erkläre es deinem Partner.

4 Warum ist es wichtig, sich umzusehen und Handzeichen zu geben? Begründe.

8-tung 8-mal 8-geben – Links abbiegen

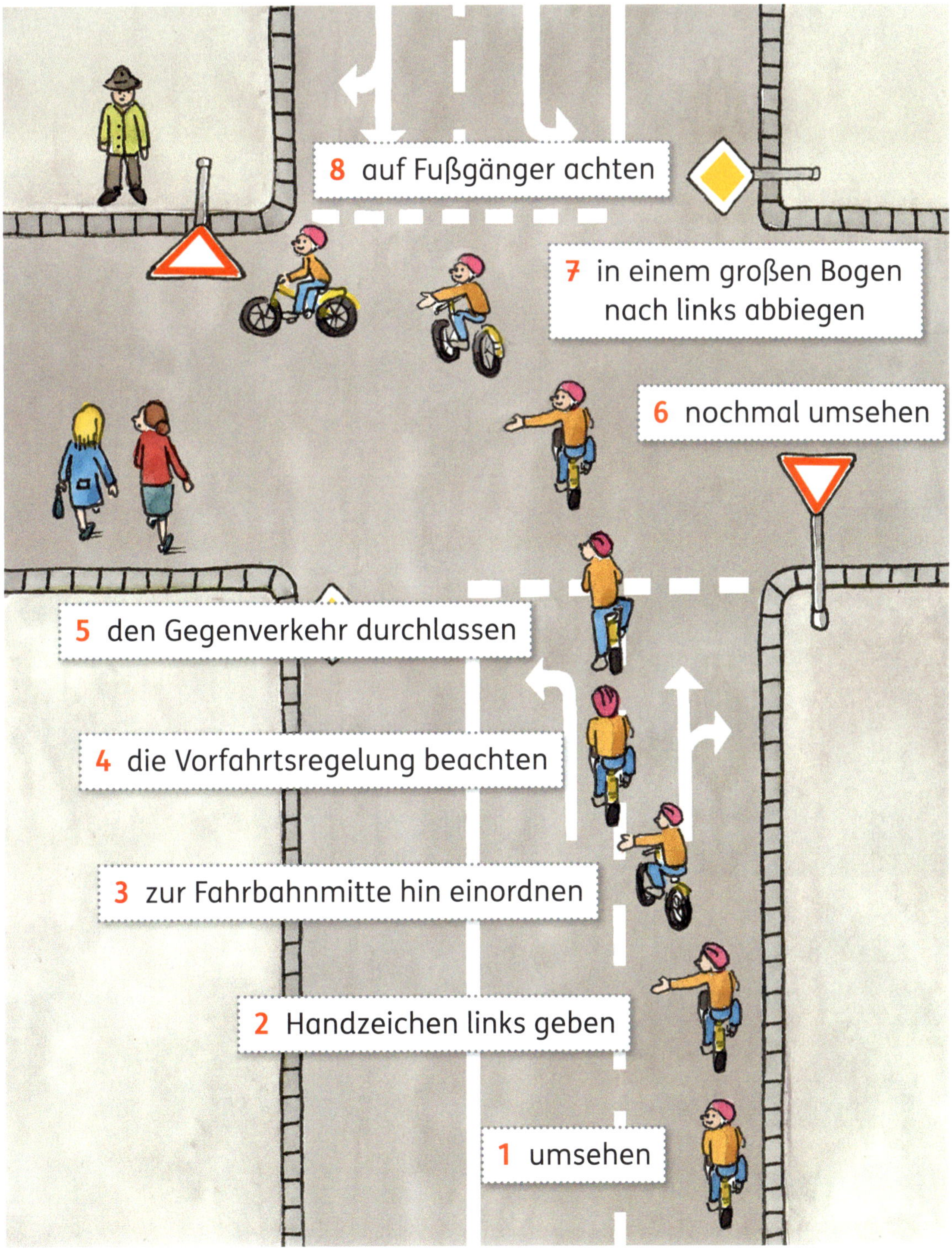

8 auf Fußgänger achten

7 in einem großen Bogen nach links abbiegen

6 nochmal umsehen

5 den Gegenverkehr durchlassen

4 die Vorfahrtsregelung beachten

3 zur Fahrbahnmitte hin einordnen

2 Handzeichen links geben

1 umsehen

❶ Lerne diese acht Punkte auswendig.

❷ Übe das Linksabbiegen zu Fuß auf dem Pausenhof oder in der Turnhalle.

Wenn du unsicher bist, kannst du absteigen und vom Gehweg aus dein Fahrrad über die Straße schieben.

→ AH S. 61

Verkehrsmittel

1. Wie heißen die Verkehrsmittel? Mit welchem warst du schon einmal unterwegs?
2. Was sind die Vorteile und die Nachteile dieser Verkehrsmittel?
3. Mit welchem Verkehrsmittel würdest du gerne mal reisen und warum?
4. Wann nutzt man welches Verkehrsmittel? Begründe.

Auto, Flugzeug

Ohren auf für Geräuschwörter!

klinge-lingeling • brmmmm, brmmmm • tuuuuuut, tuuuuuut • quiiiiiietsch • glugg, glugg, glugg

tatütata • ratter, ratter • sirrrrrrrrrrrrrr • knat, knat, knat • schepper, klapper

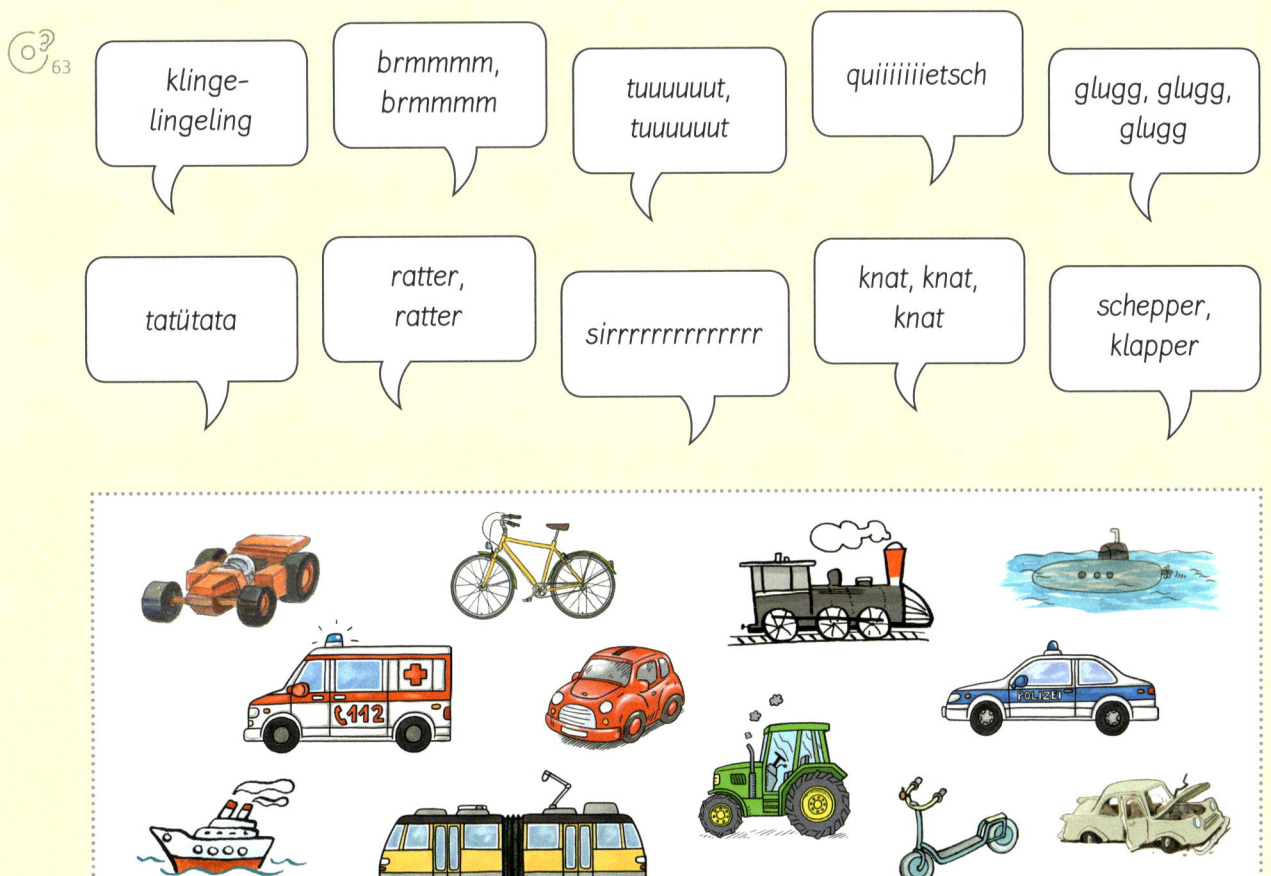

1 Lest die Geräuschwörter in den Sprechblasen. Zu welchen Fahrzeugen könnten sie passen? Begründe.

2 Woran hast du erkannt, welches Geräuschwort aus Aufgabe 1 zu welchem Fahrzeug passt? Erkläre. Warum passen manche Geräusche zu mehreren Fahrzeugen? Begründe.

3 Welche Geräusche fallen dir zu diesen Fahrzeugen ein? Schreibt sie als Geräuschwort auf.

So kannst du weiterarbeiten

Fahrraddesigner

Gestalte ein Fahrrad mit deinem eigenen Design.

Entwicklung des Rades

Finde heraus, wie sich das Rad entwickelt hat. Erstelle dazu ein Leporello.

Fahrrad-Parcours

Baut euch eine Trainingsstrecke und trainiert das sichere Radfahren.

Richtig oder falsch?

Denkt euch wahre und falsche Aussagen zum Straßenverkehr aus. Lass deinen Partner herausfinden, ob sie richtig oder falsch sind.

Es gilt links vor rechts!

Das stimmt nicht. Es muss rechts vor links heißen.

Denke weiter

Wie wird der Verkehr in 100 Jahren aussehen?

Was ist ein toter Winkel?

Was bedeutet öffentliches Verkehrsmittel?

Wo wir leben

Die Erde mit ihren Kontinenten

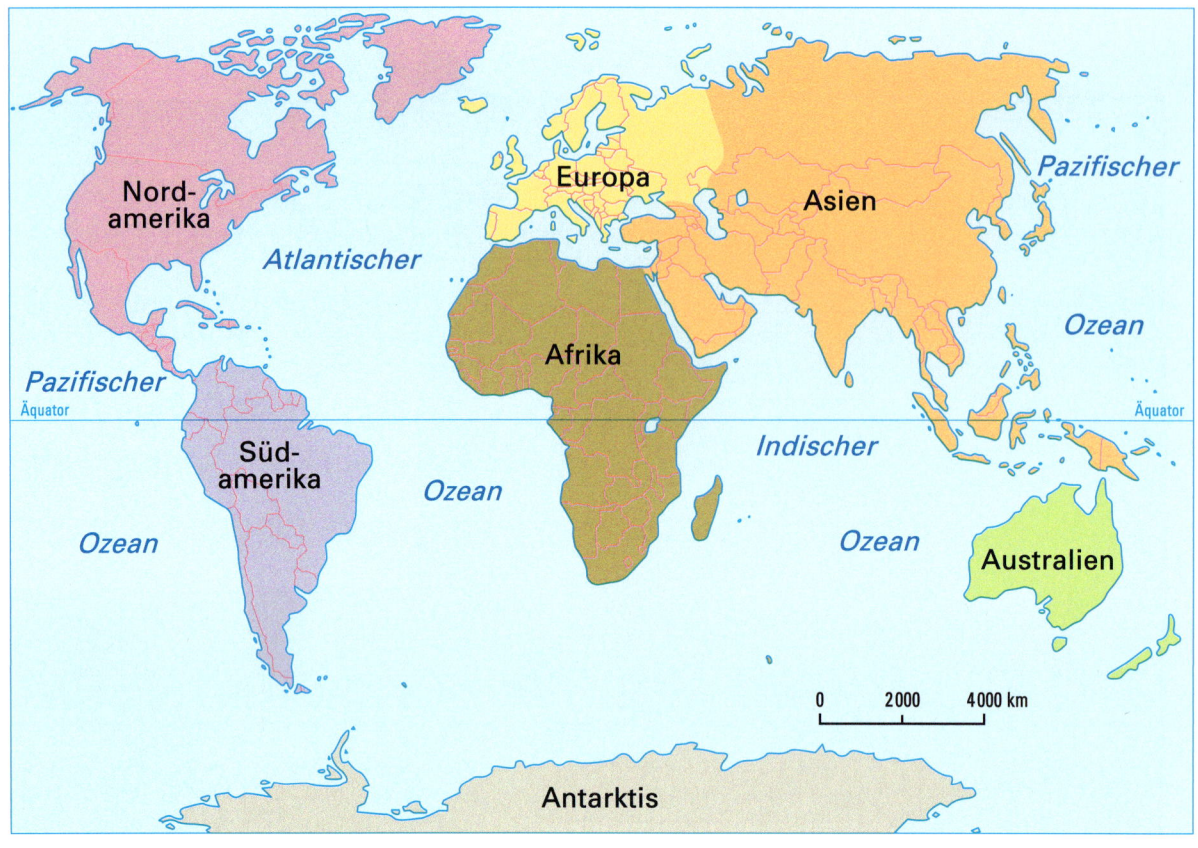

Vor ungefähr 250 Millionen Jahren gab es nur einen Kontinent. Mit der Zeit brachen von diesem Urkontinent Pangäa immer mehr Teilstücke ab, die sich voneinander wegbewegten. Heute gibt es auf der Erde sieben Kontinente. Sie sind immer in Bewegung, wenn auch sehr langsam. Dabei erreichen sie eine Geschwindigkeit von wenigen Zentimetern im Jahr. Die Kraft, die die Kontinente wandern lässt, kommt aus dem Erdinneren. Nur etwa ein Viertel der gesamten Erdoberfläche besteht aus Land, ungefähr drei Viertel aus Wasser.
Deutschland gehört zum Kontinent Europa.

1. Schreibe alle Kontinente der Erde auf.
2. Schreibe die Namen der Weltmeere auf.
3. Wie heißt der Ozean, der Amerika von Europa trennt?

Europa

Europa ist nach Australien der zweitkleinste Kontinent, der aber dicht besiedelt ist. Ozeane trennen Europa von anderen Kontinenten. Nur von Asien ist Europa durch zwei große Gebirge, dem Kaukasus und dem Ural, getrennt. Russland und die Türkei sind europäische Länder, die zum Teil auch zu Asien gehören. In Europa werden ungefähr 60 verschiedene Sprachen gesprochen.
Im Jahr 1992 wurde die Europäische Union (EU) gegründet. Die Länder, die der EU angehören, haben sich zu einer friedlichen Zusammenarbeit verpflichtet. Zur Zeit hat die Europäische Union 28 Mitgliedsstaaten.

1. Schreibe alle 47 europäischen Länder mit ihren Hauptstädten auf.
2. Welche Länder grenzen an Deutschland? Markiere sie gelb in deiner Liste.
3. Kreuze in deiner Liste die Länder an, in denen du nicht mit dem Euro bezahlen kannst. Recherchiere.

Bundesrepublik Deutschland

1. Schreibe alle 16 Bundesländer mit ihren Landeshauptstädten auf.
2. Welche benachbarten Bundesländer hat dein Bundesland?
3. Stellt euch gegenseitig Fragen zur Deutschlandkarte, zum Beispiel: Wie heißt die Landeshauptstadt von Sachsen?

Bundeshauptstadt Berlin

Berlin ist die Hauptstadt der Bundesrepublik Deutschland. Hier ist der Sitz der Bundesregierung.

Das Brandenburger Tor ist das einzige erhaltene Stadttor Berlins. Die Mauer, die Berlin fast 30 Jahre teilte, stand unmittelbar vor dem Brandenburger Tor.

Der Reichstag ist der Sitz des Deutschen Bundestags. Nach der Wiedervereinigung Deutschlands wurde das Gebäude umgebaut und bekam eine neue Glaskuppel.

Die Museumsinsel liegt zwischen dem Fluss Spree und dem Spreekanal. Auf der Insel sind fünf weltbekannte Museen.

Das Sony-Center liegt am Potsdamer Platz. Es besteht aus sieben Gebäuden. Besonders markant ist das Glasdach.

Der Teufelsberg besteht aus Trümmern des zweiten Weltkriegs. Heute kann man dort die Freizeit genießen.

In Berlin gibt es neben den Flüssen Havel und Spree auch noch zahlreiche Kanäle. Über diese Wasserstraßen führen mehr als tausend Brücken.

1. Was weißt du über Berlin?
2. Welche weiteren Sehenswürdigkeiten gibt es in Berlin?
3. Wie heißen die beiden großen Flüsse, die durch Berlin fließen?
4. Welche Museen kannst du auf der Museumsinsel besuchen? Recherchiere.

Berlin soll über 1000 Brücken haben – das sind ja mehr als in Venedig!

Und was sagst du dazu?

1. Was sagt ihr in eurer Klasse zu diesem Gebäck: ?

2. Betrachtet die Karte. Was ist darauf zu sehen?

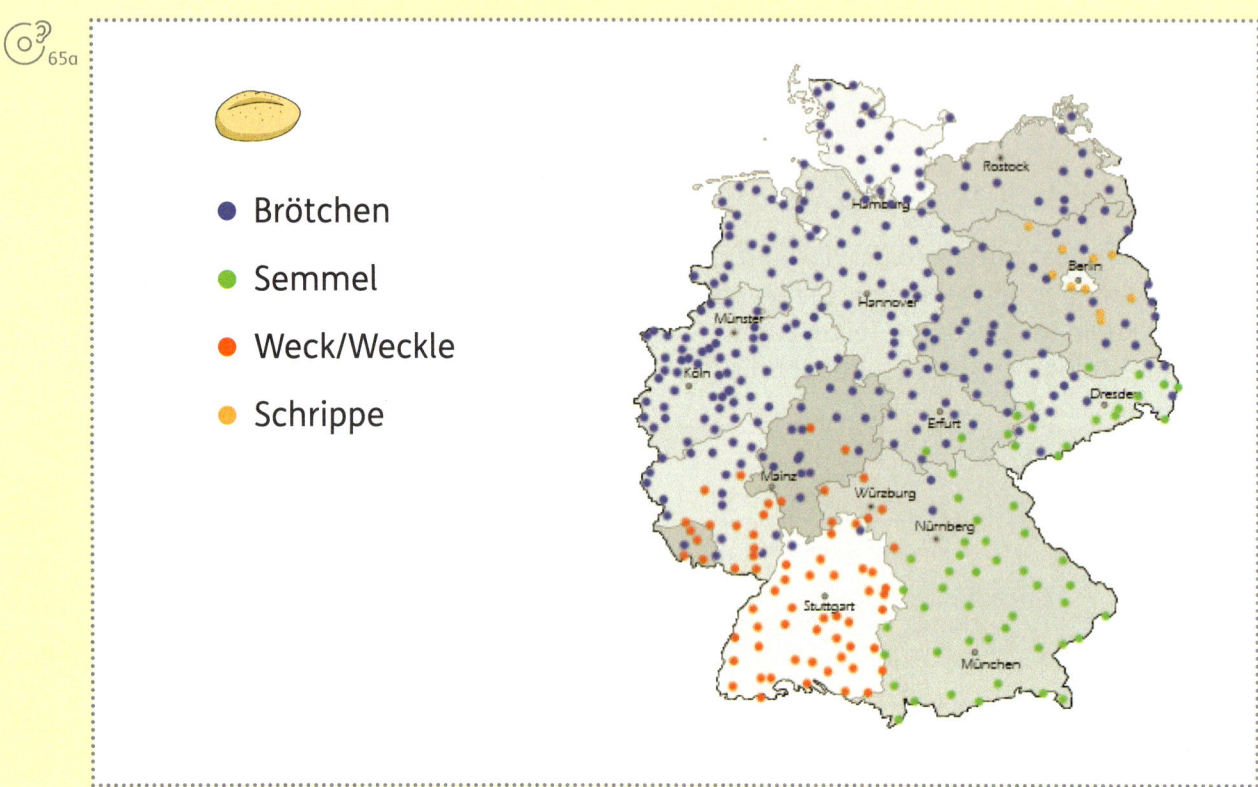

3. Was sagen die meisten Menschen in Deutschland zum ?
   Welches Wort ist am seltensten?
   Vergleiche mit dem Wort, das du benutzt.

4. Hier sind die Wörter für und vermischt.
   Kannst du sie zuordnen?

Kartoffelbrei   Möhre   Karotte

Püree   Mohrrübe   Wurzel   Erdäpfelbrei

Stampf   gelbe Rübe   Kartoffelmus

5. Kennst du noch weitere Dialektwörter?

Landkarten verstehen

Höhendarstellung

Hügel, Berge und Täler kann man auf einer Landkarte nur mit Hilfsmitteln darstellen. Man verwendet dazu Höhenlinien und unterschiedliche Farben.

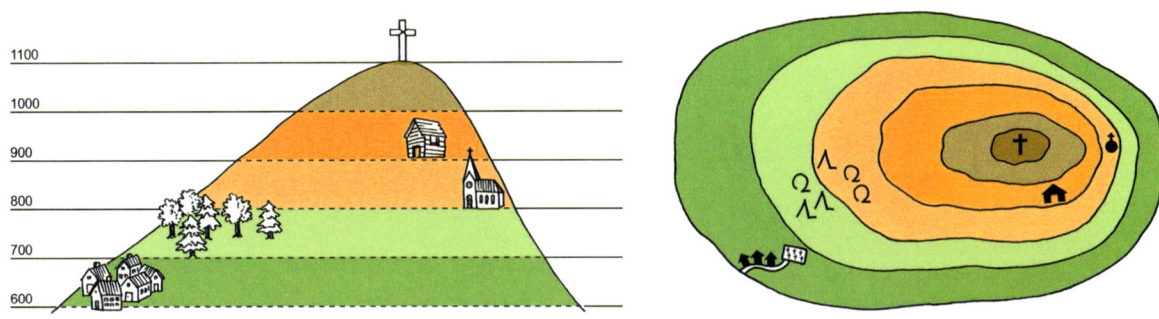

Wenn Linien nah beieinanderliegen ist das Gelände steil. Liegen sie weit auseinander, dann ist das Gelände flach. Die Flächen zwischen den Höhenlinien, die Höhenschichten, sind farbig gekennzeichnet.
Je niedriger das Gelände ist, desto dunkler ist das Grün. Wenn das Gelände höher wird, verwendet man gelbe und braune Farben. Mit steigender Höhe wird die braune Farbe immer dunkler.

Zeichenerklärung

Auch Besonderheiten im Gelände müssen auf einer Landkarte dargestellt werden. Dazu werden verschiedene Symbole und Linien genutzt. Sie stellen z. B. Städte, Flüsse und Grenzen dar. Die Symbole sind in Zeichenerklärungen, sogenannten Legenden, erklärt.

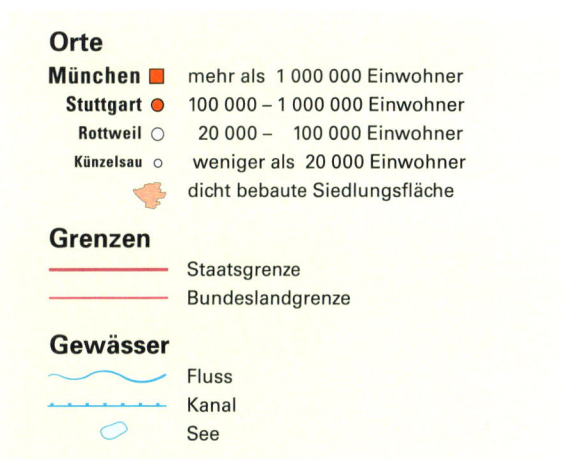

1 Wie werden Höhen in einer Karte dargestellt?

2 Stellt euch gegenseitig Fragen zu der Höhendarstellung, zum Beispiel: An welcher Seite ist der Berg steil? Auf welcher Höhe steht die Kirche?

3 Schau dir die Karten auf den folgenden Seiten an. Suche in den Karten die Symbole aus der Zeichenerklärung oben. Erkläre deinem Partner, was dargestellt ist.

Landschaftsformen in Deutschland

Die unterschiedlichen Landschaften Deutschlands lassen sich von Norden nach Süden in drei Großlandschaften unterteilen:

Norddeutsches Tiefland

Das Norddeutsche Tiefland reicht von der Nord- und Ostseeküste bis zu den Mittelgebirgen. Die Landschaft ist seenreich, flach, gebietsweise aber auch durch eiszeitliche Ablagerungen leicht hügelig. Heidelandschaften und Moore prägen das Norddeutsche Tiefland.

Mittelgebirge

An das Norddeutsche Tiefland schließt sich im Süden das Mittelgebirgsland an. Es besteht aus vielen verschiedenen Gebirgszügen und Hügellandschaften. Die deutschen Mittelgebirge haben eine Höhe von 500 bis 1000 Metern. Je weiter man nach Süden kommt, desto höher werden die Erhebungen.

Alpen und Voralpenland

Die Alpen erstrecken sich über sieben europäische Staaten. Die deutschen Alpen liegen im äußersten Süden und Südwesten von Deutschland. Der höchste Berg in den deutschen Alpen ist die Zugspitze mit 2964 Metern Höhe. Die alpine Landschaft wird von steilen Felsen, tiefen Schluchten, Bergseen und Bergtälern geprägt.

1 Was weißt du über die drei Landschaftsformen in Deutschland?

Gebirge

(Zeichenerklärung siehe Seite 119)

1. Schreibe alle Mittelgebirge mit ihren höchsten Erhebungen auf.
2. Nenne drei große Städte im Norddeutschen Tiefland.
3. Welche Flüsse fließen durch das Mittelgebirgsland? Zähle auf.

Niedersachsen

Niedersachsen ist das zweitgrößte Bundesland. Es liegt im Nordwesten Deutschlands und grenzt an die Niederlande. Die Hauptstadt von Niedersachsen ist Hannover. In Niedersachsen leben ungefähr acht Millionen Einwohner.

1. Welcher Staat und welche Bundesländer grenzen an Niedersachsen? Schreibe auf.
2. Schreibe fünf große Städte Niedersachsens auf.
3. Welche großen Flüsse fließen durch Niedersachsen?
4. An welchen Mittelgebirgen hat Niedersachsen Anteil?

Landeshauptstadt Hannover

Die Landeshauptstadt Hannover ist eine weltbekannte Messestadt. Hannovers Messegelände ist eines der größten der Welt. Hier finden jedes Jahr die Hannover-Messe und die CEBIT, eine Messe für Informationstechnik, statt.

Im Leineschloss befindet sich der Sitz des niedersächsischen Landtags. Früher war das Schloss die Residenz der Könige von Hannover.

Das Welfenschloss wurde nie als Schloss genutzt. Heute ist dort die Leibniz-Universität untergebracht.

Das Neue Rathaus ist das Wahrzeichen der Stadt Hannover. Es sieht aus wie ein Schloss, ist aber der Sitz der Stadtverwaltung.

Der Maschsee ist ein großer, künstlich angelegter See in der Nähe des Stadtzentrums. Er ist ein beliebtes Naherholungsgebiet.

Die Herrenhäuser Gärten sind ein Beispiel für große Gartenkunst. Sie bestehen aus vier verschiedenen Anlagen. Im Großen Garten liegt das Schloss Herrenhausen.

Die Marktkirche St. Georgii et Jacobi ist die älteste Kirche in der Altstadt von Hannover. Die Kirche zählt mit ihrem 97 Meter hohen Turm zu den Wahrzeichen der Stadt.

1. Was weißt du über die Landeshauptstadt Hannover?
2. Welcher Fluss fließt durch Hannover?
3. Sammelt weitere Informationen über eure Landeshauptstadt. Erstellt ein Plakat.

Industrie

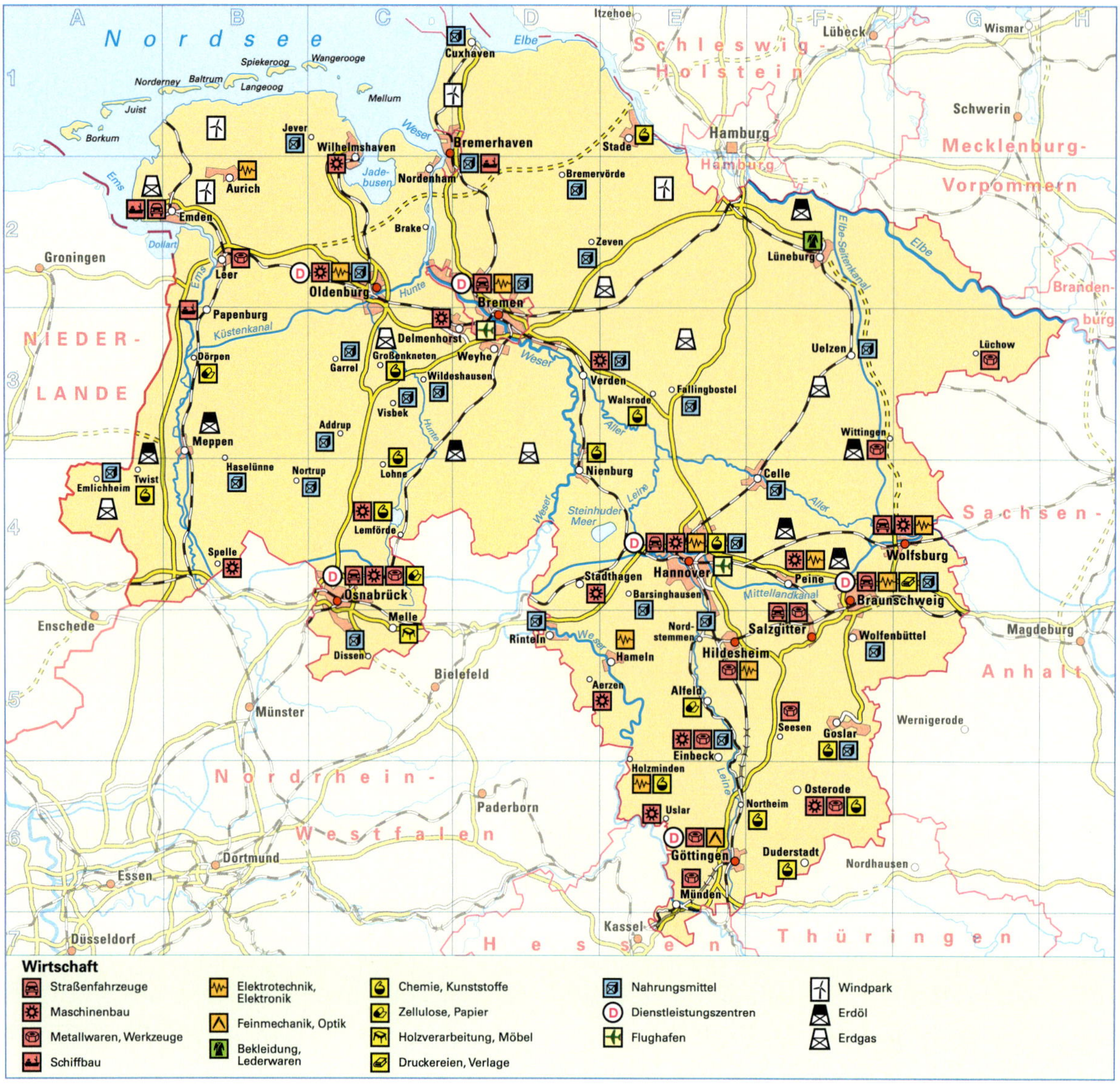

Automobilwerk in Wolfsburg

Schiffswerft in Papenburg

1 Suche auf der Karte Industriestandorte in Niedersachsen. Wo befinden sich die meisten Industriebetriebe? Was wird dort hergestellt?

2 Welche Industriebetriebe gibt es in der Nähe deines Wohnortes? Recherchiere.

3 Stellt euch mithilfe der Karte gegenseitig Fragen. Zum Beispiel: Wo haben sich die meisten Werften in Niedersachsen angesiedelt?

Landwirtschaft

Über die Hälfte der Landesfläche Niedersachsens wird landwirtschaftlich genutzt. In den küstennahen Gebieten hat die Milchwirtschaft große Bedeutung. Nicht nur Kühe, sondern auch andere Nutztiere wie Schweine, Geflügel und Schafe werden gehalten.

Das Alte Land, im Norden Niedersachsens, ist das größte Obstanbaugebiet Deutschlands. Schwerpunktmäßig werden hier auf den fruchtbaren Marschböden Äpfel angebaut. Im Mai bietet sich ein Naturschauspiel, wenn Millionen von Bäumen im Alten Land blühen.

In der Lüneburger Heide wird fast die Hälfte aller Kartoffeln geerntet, die in Deutschland verkauft werden.
Die sandigen Böden sind auch für den Anbau von Spargel und Heidelbeeren gut geeignet.

Niedersachsen ist auch bekannt für seine Zucht von Hannoveranern und Oldenburgern. Diese Pferderassen werden vor allem für den Reitsport gezüchtet und in alle Welt verkauft.

1. Was weißt du über die Landwirtschaft in Niedersachsen?
2. Welche Obstsorten werden im Alten Land angebaut? Recherchiere.
3. Wozu werden Pferde gezüchtet?

Ostfriesland und die Ostfriesischen Inseln

Flut

Ebbe

An der Nordseeküste steigt und sinkt der Wasserstand zweimal am Tag. Wenn das Wasser steigt, herrscht Flut. Wenn es sich wieder zurückzieht, herrscht Ebbe. Den Wechsel zwischen Ebbe und Flut nennt man die Gezeiten.

Zwischen dem Festland und den Inseln liegt das Wattenmeer. Das Watt und die angrenzenden Salzwiesen sind ein besonderer Lebensraum für viele Tiere und Pflanzen. Watt wird der Meeresboden genannt, der bei Flut überschwemmt ist und bei Ebbe weitgehend trocken liegt.

1. Wie heißen die sieben Ostfriesischen Inseln?
2. Was sind Gezeiten? Erkläre.
3. Welche Tiere leben im Wattenmeer? Recherchiere.

Lüneburger Heide

Die Lüneburger Heide ist eine große Heidelandschaft und Waldlandschaft. Sie ist nach der Stadt Lüneburg benannt. Wenn im August und September das Heidekraut blüht, leuchtet die ganze Landschaft lila. Das Heidekraut ist eine anspruchslose Pflanze, deshalb kann sie auf den sandigen, trockenen Böden der Lüneburger Heide gedeihen.

Das ganze Jahr über ziehen Schäfer mit Heidschnucken durch die Heide. Die Heidschnucke ist eine besondere Schafsrasse. Die Schafe erhalten die Heidelandschaft, indem sie die Triebe von Bäumen und Büschen abfressen.

Im Norden Niedersachsens und auch in der Lüneburger Heide gibt es viele Moore. Moore sind Gebiete, in denen der Erdboden immer nass ist. Er ist mit Wasser vollgesogen wie ein Schwamm. Niedersachsen ist das moorreichste Bundesland.

1. Was weißt du über die Lüneburger Heide?
2. Welche Aufgabe haben die Heidschnucken in der Lüneburger Heide?
3. Suche auf der Landkarte vier Städte, die in der Lüneburger Heide liegen.
4. Wie entsteht ein Moor? Recherchiere.

So kannst du weiterarbeiten

Stadt, Land, Fluss ...

Legt eine Tabelle an und spielt das Spiel „Stadt, Land, Fluss".

Bundesland-Puzzle

Klebt eine Karte von Niedersachsen auf Pappe. Zerschneidet die Karte so, dass ein Puzzle entsteht.

Münzausstellung

Sammelt Münzen aus vielen europäischen Ländern. Macht eine Ausstellung. Was ist auf den Rückseiten der Münzen abgebildet?

Reiseführer für Niedersachsen

Wähle ein Landschaftsgebiet deines Bundeslandes aus und erstelle einen Steckbrief. Suche passende Bilder im Internet.
Erstellt mit euren Informationen einen Reiseführer.

Denke weiter

Was ist ein Nationalpark?

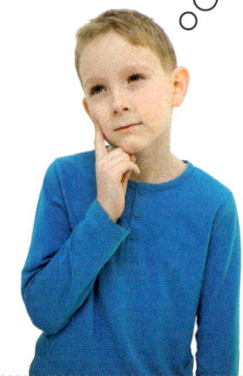

Warum springt das Niedersachsenross nach links?

Was bedeuten die Farben der Flagge von Deutschland?

Lernen lernen

Diskussion
→ Beispiel Seite 6, 11, 12, 45, 49, 76, 98

Manchmal haben Menschen verschiedene Meinungen. Dann können sie ihre Meinungen in einer Diskussion austauschen.
In einer Diskussion sprichst du mit anderen über eine Sache oder ein Problem und vertrittst dabei deine eigene Ansicht. Du überlegst dir dafür überzeugende Argumente. Im besten Fall wird ein Kompromiss oder eine Lösung für das Problem gefunden. Oft hilft die Fragestellung: „Was spricht für (pro) eine Sache und was dagegen (kontra)?"

Darauf sollst du bei einer Diskussion achten:

- Höre anderen genauso aufmerksam zu, wie du es von ihnen erwartest.
- Lasse den anderen ausreden.
- Sprich klar und deutlich.
- Überlege dir Argumente, die andere gut verstehen können.
- Denke über die Argumente der anderen nach.

Formulierungshilfen:

Ich meine …
Dazu möchte ich sagen …
Das möchte ich noch einmal geklärt haben …
Da bin ich ganz anderer Meinung …
Können wir uns nicht darauf einigen, dass …
Seid ihr damit einverstanden, dass …

Experiment

→ Beispiel Seite 46, 67, 80, 81, 82

Das lateinische Wort „experimentum" bedeutet Versuch, Beweis, Prüfung oder Probe.
Zu manchen Fragen kannst du eine Vermutung äußern und diese mit einem Experiment überprüfen. So experimentierst du richtig:

Lernen lernen

Rollenspiel

→ Beispiel Seite 8, 10, 21, 49, 53, 71

In einem Rollenspiel könnt ihr Situationen nachspielen, um sie besser zu verstehen. Dabei könnt ihr euch in andere Menschen hineinversetzen und deren Standpunkt oder Meinung besser kennenlernen. Dadurch könnt ihr im besten Fall sogar Lösungen für Probleme oder Konflikte finden.

So gehst du vor:

1. Klärt, worum es geht: Welche Situation spielt ihr nach?
2. Verteilt die Rollen und klärt den Standpunkt der jeweiligen Person.
3. Spielt die Situation nach. Findet Lösungen und Verhaltensweisen für jede Person. Gibt es unterschiedliche Möglichkeiten?
4. Wertet das Rollenspiel aus. Wie hat sich jeder in seiner Rolle gefühlt?

Interview/Umfrage

→ Beispiel Seite 13, 14, 74

Ein Interview ist eine mündliche Befragung einer Person. Ziel des Interviews ist es, Informationen zu bekommen.

So gehst du vor:

1. Überlege, wer dir zu deiner Frage/deinem Thema etwas sagen kann.
2. Vereinbare mit dieser Person einen Termin.
3. Notiere alle Fragen, die du stellen möchtest.
4. Wenn du das Interview aufnehmen möchtest, frage die Person vorher um Erlaubnis.
5. Stelle deine Fragen sachlich und freundlich. Frage nach, wenn du etwas nicht verstehst.
6. Schreibe die Antworten in Stichpunkten auf.
7. Überlege dir, was du mit den Informationen machst.

Bei einer Umfrage werden viele Personen zum gleichen Thema befragt. Meistens ist das Ziel, eine Mehrheit zu ermitteln.

Hobby	Wie viele Kinder …
turnen	I
basteln	IIII

MK Interview/Umfrage (Tonaufnahme)

Ausstellung

→ Beispiel Seite 30, 40, 57, 58, 102, 128

Ihr könnt Dinge ausstellen, die ihr gesammelt oder hergestellt habt.
So können andere sehen, was ihr Besonderes gemacht habt.

Für eine Ausstellung braucht ihr zum Beispiel einen Tisch, eine Fensterbank oder eine Pinnwand.

Beschriftet die Ausstellungsstücke. Stellt dafür zum Beispiel Karten auf mit: Name, Fundstelle, Nutzen des Gegenstandes.

Zu der Ausstellung könnt ihr einladen: mündlich, mit Plakaten oder mit Werbezetteln.

Recherche

→ Beispiel Seite 7, 9, 26, 28, 36, 37, 42, 49, 62, 72, 96, 115, 117, 124, 125, 126, 127

„Recherche" ist französisch und bedeutet „Suche".
Wenn du zu einem Thema etwas erfahren willst,
muss du recherchieren. Man kann Experten
befragen, in Büchern nachschlagen oder im Internet
suchen mit extra Suchmaschinen für Kinder,
zum Beispiel www.fragfinn.de oder www.blindekuh.de.

So recherchierst du im Internet:

1. Öffne eine Kindersuchmaschine im Internet.
2. Überlege dir Suchbegriffe, die zu deiner Frage/deinem Thema passen. Gib sie in die Suchmaschine ein.
3. Lies die Kurztexte der Ergebnisse. Geben sie Antwort auf deine Fragen? Wenn ja, klicke den Beitrag an und lies weiter.
4. Prüfe immer, ob die Informationen wahr und richtig sind. Du kannst zum Beispiel noch auf anderen Internetseiten dazu nachlesen oder einen Experten befragen.

Lernen lernen

Plakat
→ Beispiel Seite 22, 29, 37, 58, 64, 97, 123

Mit einem Plakat kannst du andere darüber informieren, was du über ein Thema herausgefunden und gelernt hast. Ein Plakat kann dich bei einem Vortrag unterstützen.

So gehst du vor:

1. Formuliere eine passende Überschrift.
2. Sammle Informationen und Bildmaterial.
3. Nimm nicht zu viele Informationen auf das Plakat, sondern suche nur die wichtigsten aus.
4. Schreibe die kurzen Texte und Bildunterschriften auf Zettel. Achte auf eine gut lesbare, große Schrift.
5. Ordne die Texte und Abbildungen übersichtlich an und klebe sie dann erst auf.

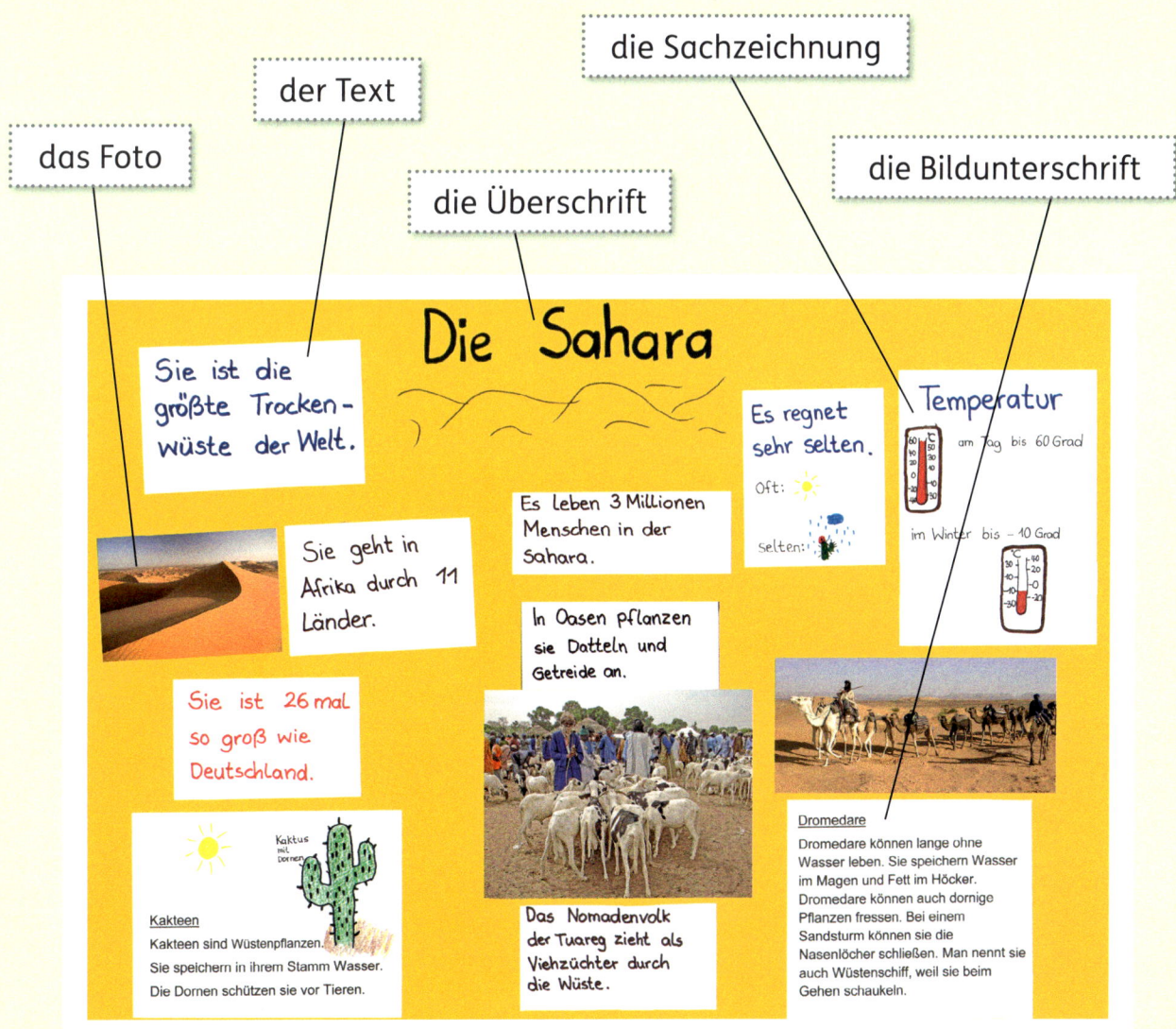

133

Vortrag

→ Beispiel Seite 36, 41, 96

Wenn du einen Vortrag hältst, solltest du Folgendes beachten:

Vor dem Vortrag:

Vorüberlegungen:
- Wozu soll ich sprechen?
- Was wird die anderen interessieren?
- Wie viel Zeit habe ich?

Vorbereitung:
- Stelle Stichwörter zusammen und übe den Vortrag.
- Suche Bilder und Anschauungsmaterial.
- Schreibe eventuell eine schriftliche Zusammenfassung zum Austeilen.

Beim Vortrag:

- Schaue ab und zu auf deine Stichworte.
- Lies deinen Vortrag nicht ab.
- Schau die Zuhörer an.
- Sprich ruhig, laut und deutlich.
- Zeige an den passenden Stellen Bilder oder Gegenstände.

Nach dem Vortrag:

- Gib Zeit für Nachfragen.
- Teile eventuell eine Zusammenfassung oder ein Bild aus.
- Bitte um Rückmeldung (ein Feedback).

Feedback

→ Beispiel Seite 36, 41, 96

Beim Feedback solltest du Folgendes beachten:

Feedback geben:

- Ich beschreibe sachlich und ohne Vorwürfe.
- Ich sage „ich" und nicht „du", also:
  - Ich habe gesehen ...
  - Ich habe beobachtet ...
  - Mir ist aufgefallen ...
- Ich sage Positives zuerst.

Feedback erhalten:

- Ich höre aufmerksam zu.
- Ich stelle Fragen, wenn mir etwas unklar ist (Was meinst du genau? Habe ich dich richtig verstanden, dass ...?).
- Ich rechtfertige oder verteidige mich nicht.
- Ich bedanke mich für das Feedback.

Lernen lernen

Mindmap
→ Beispiel Seite 14, 42, 94

Das englische Wort „Mindmap" bedeutet übersetzt „Gedankenkarte".

So gehst du vor:

1. Schreibe das Thema in die Mitte deines Blattes. Kreise es ein.
2. Vom Thema kannst du verschiedene Äste abgehen lassen (siehe Bild). An jeden Ast schreibst du ein Stichwort, das zum Thema passt.
3. Von jedem Ast können weitere Äste abgehen, an die du alles schreibst, was dir zu den Begriffen einfällt.

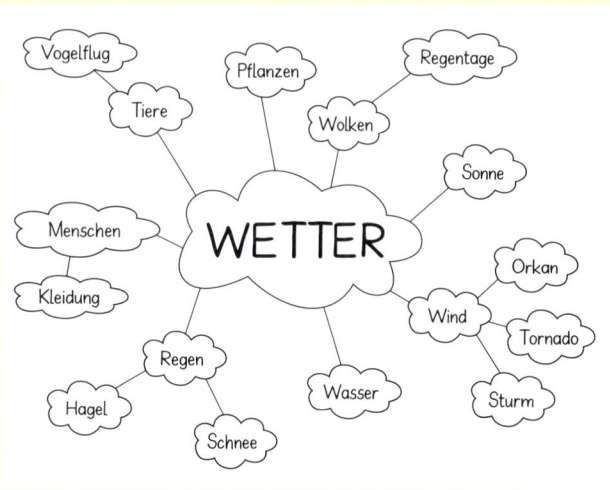

Sachzeichnung mit Beschriftung
→ Beispiel Seite 88, 89, 91

Mit einer Sachzeichnung kann man Sachverhalte verdeutlichen, zum Beispiel bei einer Pflanze die wesentlichen Merkmale, an denen man sie erkennt oder bei einer Bauanleitung die entscheidenden Details, damit das Modell funktioniert. Wenn man die Sachzeichnung beschriftet, können andere sie oft noch besser versteht.

So gehst du vor:

Wenn du eine Pflanze oder ein Tier zeichnest:

1. Betrachte das Objekt genau.
2. Zeichne das Objekt naturgetreu und mit den passenden Farben.
3. Beschrifte die Zeichnung mit Fachbegriffen.

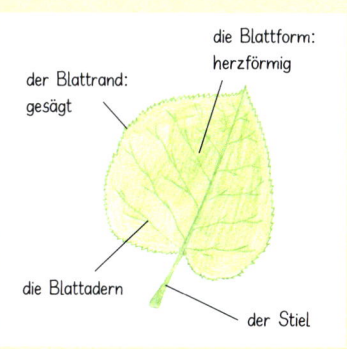

Wenn du ein Modell zeichnest:

1. Überlege dir, welche Bauteile du zur Verfügung hast.
2. Überlege dir, was soll das Modell können und wie kannst du das erreichen.
3. Zeichne die entscheidenden Details so, dass man sieht, wie das Modell funktioniert, und beschrifte sie.

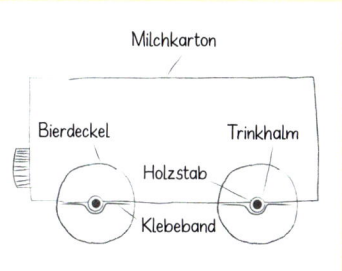

Quellennachweis

6.1 Fotolia.com (eyetronic), New York; **6.2** Imago (blickwinkel), Berlin; **6.3** iStockphoto (graemenicholson), Calgary, Alberta; **6.4** iStockphoto (Trish233), Calgary, Alberta; **6.5** Imago, Berlin; **6.6** Fotolia.com (eyetronic), New York; **7.1** Imago (Horst Rudel), Berlin; **13.1** iStockphoto (SerrNovik), Calgary, Alberta; **13.2** shutterstock (Digital Media Pro), New York, NY; **13.3** Thinkstock (JBryson), München; **13.4** Thinkstock (Wavebreakmedia Ltd), München; **13.5** Adobe Stock (Tracy Whiteside), Dublin; **14.1** shutterstock (360b), New York, NY; **17.1** Thinkstock (iStock / Andy Nowack), München; **17.2** Alamy stock photo (richie soans), Abingdon, Oxon; **24.2** Adobe Stock (sframe), Dublin; **24.3** Alamy stock photo (Ashley Cooper), Abingdon, Oxon; **24.4** Alamy stock photo (H. Mark Weidman Photography), Abingdon, Oxon; **25.1** Picture-Alliance (dpa - Report/Soeren Stache), Frankfurt; **25.2** Getty Images (Bloomberg), München; **25.3** Alamy stock photo (Rob Crandall), Abingdon, Oxon; **25.4** iStockphoto (Kanawa_Studio), Calgary, Alberta; **25.5** TransFair e.V. (Fairtrade Deutschland), Das Siegel für fairen Handel, Köln; **26.2** Ullstein Bild GmbH (CARO / Frank Sorge), Berlin; **26.3** iStockphoto (ymgerman), Calgary, Alberta; **27.1** Adobe Stock (Sabine Leikep), Dublin; **27.2** Picture-Alliance (Stoegmueller /APA/picturedesk.com), Frankfurt; **27.3** Fotolia.com (Dmitry Naumov), New York; **27.4** Bundesministerium für Ernährung und Landwirtschaft; **30.1** Bundesministerium für Ernährung und Landwirtschaft; **30.2** TransFair e.V. (Fairtrade Deutschland), Das Siegel für fairen Handel, Köln; **32.1** Fotolia.com (Paul Murphy), New York; **32.2** Adobe Stock (Alexander Erdbeer), Dublin; **32.3** stock.adobe.com, Dublin (Ingo Bartussek); **33.1** iStockphoto (Karel Broz), Calgary, Alberta; **33.2** Fotolia.com (benno hansen), New York; **33.3** shutterstock (Sue Robinson), New York, NY; **35.1** Adobe Stock (sbp321), Dublin; **35.2** Fotolia.com (SyB), New York; **35.3** Adobe Stock (JWS), Dublin; **35.4** Adobe Stock (emer), Dublin; **35.5** Adobe Stock (Scisetti Alfio), Dublin; **35.6** Adobe Stock (Carola Vahldiek), Dublin; **35.7** Thinkstock (iStockphoto), München; **35.8** Thinkstock (iurii Konoval), München; **37.1** shutterstock (Eric Isselee), New York, NY; **37.2** Adobe Stock (falke100), Dublin; **37.3** Fotolia.com (Simank), New York; **38.1** iStockphoto (fedsax), Calgary, Alberta; **38.2** Adobe Stock (Ingo Bartussek), Dublin; **40.1** iStockphoto (Suzifoo), Calgary, Alberta; **40.2** shutterstock (Edoma), New York, NY; **40.3** shutterstock (ffolas), New York, NY; **40.4** shutterstock (Leon Forado), New York, NY; **42.1** 123rf (vilainecrevette), Nidderau; **42.2** shutterstock (Christopher Meder), New York, NY; **42.3** shutterstock (Li Hui Chen), New York, NY; **42.4** iStockphoto (Zmiy), Calgary, Alberta; **42.5** Adobe Stock (Barbara Helgason), Dublin; **42.6** iStockphoto (ArturKo), Calgary, Alberta; **42.7** shutterstock (tubuceo), New York, NY; **42.8** Thinkstock (iStock/HowardPerry), München; **43.1** shutterstock (outdoorsman), New York, NY; **43.2** shutterstock (Vladislav T. Jirousek), New York, NY; **43.3** Adobe Stock (apfelweile), Dublin; **43.4** shutterstock (Cat Downie), New York, NY; **43.5** Fotolia.com (Alexmar), New York; **43.6** Fotolia.com (Marcel Schauer), New York; **43.7** shutterstock (Christopher Wood), New York, NY; **43.8** shutterstock (Serj Malomuzh), New York, NY; **43.9** Fotolia.com (Vera Kuttelvaserova), New York; **43.10** Fotolia.com (erectus), New York; **43.11** Adobe Stock (Goinyk), Dublin; **45.1** Imago, Berlin; **45.2** shutterstock (Stefano Carella), New York, NY; **45.3** Adobe Stock (mrfiza), Dublin; **45.4** iStockphoto (luoman), Calgary, Alberta; **45.5** Fotolia.com (maunzel), New York; **49.1** iStockphoto (Steve Debenport), Calgary, Alberta; **49.2** iStockphoto (Zinkevych), Calgary, Alberta; **49.3** iStockphoto (Steve Debenport), Calgary, Alberta; **49.4** shutterstock (Photobac), New York, NY; **49.5** shutterstock (wavebreakmedia), New York, NY; **49.6** shutterstock (Cultura Motion), New York, NY; **52.1** Dagmar Geisler, Nein-Sagen ist manchmal ganz schön schwer, in: ders. Das bin ich - von Kopf bis Fuß: Selbstvertrauen und Aufklärung für Kinder ab 7, Bindlach: Loewe 2005; **55.3** Imago (imagebroker), Berlin; **55.4** Adobe Stock (StockPhotosArt), Dublin; **56.1** Science Photo Library (CUSTOM MEDICAL STOCK PHOTO), München; **56.2** Science Photo Library (CUSTOM MEDICAL STOCK PHOTO), München; **56.3** Science Photo Library (CUSTOM MEDICAL STOCK PHOTO), München; **56.4** Science Photo Library (CUSTOM MEDICAL STOCK PHOTO), München; **57.1** Julia Birchinger, Stuttgart; **57.2** Julia Birchinger, Stuttgart; **57.3** Julia Birchinger, Stuttgart; **57.4** Julia Birchinger, Stuttgart; **60.1** Picture-Alliance (IAU Martin Kornmesser DLR), Frankfurt; **61.1** Fotolia.com (IndianSummer), New York; **62.2** shutterstock (Muzhik), New York, NY; **62.3** Getty Images Plus (Satilda), München; **62.4** Fotolia.com (Edler von Rabenstein), New York; **62.5** Getty Images Plus (Eastcott Momatiuk), München; **63.1** Adobe Stock (phatpc), Dublin; **63.2** shutterstock (Zurijeta), New York, NY; **63.3** Alamy stock photo (Thomas Sbambato / Mc Photo), Abingdon, Oxon; **63.4** iStockphoto (Jodi Jacobson), Calgary, Alberta; **63.5** Mauritius Images (imageBROKER / Stefan Auth), Mittenwald; **67.1** Franziska Frenzel (Franziska Frenzel), Leipzig; **67.2** Franziska Frenzel (Franziska Frenzel), Leipzig; **67.3** Marek Sander; **69.1** Adobe Stock (michaklootwijk), Dublin; **69.2** Getty Images Plus (imagedepotpro), München; **69.3** 123rf (delcreations), Nidderau; **69.4** Adobe Stock (Andrey Bandurenko), Dublin; **69.5** Deutsche Bahn AG (Martin Busbach), Berlin; **72.1** Adobe Stock (Bluelight), Dublin; **72.2** Adobe Stock (oliver-marc steffen), Dublin; **72.3** Adobe Stock (Matze), Dublin; **72.4** Versandhaus des Deutschen Feuerwehrverbandes GmbH, Bonn; **74.1** Hermann Krekeler, Hanstedt; **74.2** Marek Sander; **77.1** 123rf (Tobias Arhelger), Nidderau; **77.2** Fotolia.com (elxeneize), New York; **77.3** Fotolia.com (Henry-Martin Klemt), New York; **79.1** Adobe Stock (Alex), Dublin; **79.2** Thinkstock (iStockphoto), München; **79.3** Picture-Alliance (Sueddeutsche Zeitung Photo), Frankfurt; **79.4** Adobe Stock (michaklootwijk), Dublin; **79.5** Adobe Stock (M. Schuppich), Dublin; **79.6** Adobe Stock (Schlierner), Dublin; **80.1** Fotolia.com (Martina Berg), New York; **80.2** shutterstock (mahey), New York, NY; **80.3** Hermann Krekeler, Hanstedt; **80.4** Hermann Krekeler, Hanstedt; **81.1** Hermann Krekeler, Hanstedt; **81.2** Hermann Krekeler, Hanstedt; **81.3** Hermann Krekeler, Hanstedt; **82.1** Hermann Krekeler, Hanstedt; **82.2** Hermann Krekeler, Hanstedt; **83.1** Hermann Krekeler, Hanstedt; **83.2** Hermann Krekeler, Hanstedt; **84.1** Adobe Stock (Ron-Heidelberg), Dublin; **86.1** Hermann Krekeler, Hanstedt; **86.2** Marek Sander; **90.1** Getty Images Plus (trainman111), München; **90.2** Getty Images Plus (Wicki58), München; **90.3** Adobe Stock (andrewsht), Dublin; **90.4** Adobe Stock (smuki), Dublin; **90.5** Hermann Krekeler, Hanstedt; **90.6** Hermann Krekeler, Hanstedt; **90.7** Hermann Krekeler, Hanstedt; **90.8** Hermann Krekeler, Hanstedt; **91.1** Imago (Niehoff), Berlin; **91.2** Adobe Stock (mbongo), Dublin; **91.3** Hermann Krekeler, Hanstedt; **91.4** Hermann Krekeler, Hanstedt; **97.1** Adobe Stock (Branko Srot), Dublin; **97.2** Adobe Stock (Joachim), Dublin; **97.3** laif (Rob Huibers / Hollandse Hoogte), Köln; **97.4** Alamy stock photo (Lanmas), Abingdon, Oxon; **97.5** Getty Images Plus (manfredxy), München; **97.6** Imago (Horst Rudel), Berlin; **104.1** BPK (Reiss-Engelhorn-Museen Mannheim / Jean Christen), Berlin; **104.2** Ullstein Bild GmbH (Roger-Viollet), Berlin; **104.3** Getty Images (Mirrorpix), München; **105.1** Imago (United Archives International), Berlin; **105.3** Getty Images Plus (Nikada), München; **105.5** Hermann Krekeler, Hanstedt; **106.1** Foto-Geuther (Foto-Geuther, Rötha), Rötha; **106.2** Adobe Stock (greenphotoKK), Dublin; **106.3** Adobe Stock (Mirek), Dublin; **106.4** Adobe Stock (Savvapanf Photo ©), Dublin; **107.1** URW, Hamburg; **107.2** URW, Hamburg; **107.3** URW (Steffen Jähde), Hamburg; **107.4** URW, Hamburg; **107.5** URW, Hamburg; **107.6** URW, Hamburg; **107.7** URW, Hamburg; **107.8** URW, Hamburg; **107.9** URW, Hamburg; **107.10** URW, Hamburg; **107.11** URW, Hamburg; **107.12** URW, Hamburg; **107.13** URW, Hamburg; **107.14** URW, Hamburg; **107.15** URW, Hamburg; **107.16** Klett-Archiv; **110.1** Adobe Stock (Sven Krautwald), Dublin; **110.2** Fotolia.com (steamroller), New York; **110.2** iStockphoto (Wavebreakmedia), Calgary, Alberta; **110.3** Fotolia.com (harvepino), New York; **110.4** shutterstock (WayneDuguay), New York, NY; **110.5** Thinkstock (Hermera), München; **110.6** Fotolia.com (Tony Mandarich), New York; **110.7** iStockphoto (Sproetniek), Calgary, Alberta; **110.8** Fotolia.com (philipus), New York; **110.9** shutterstock (Andrey Pavlov), New York, NY; **110.10** iStockphoto (ollo), Calgary, Alberta; **110.11** Deutsche Bahn AG (Frank Barteld), Berlin; **110.12** iStockphoto (Nick free), Calgary, Alberta; **114.1** Klett-Archiv,; **115.1** Klett; **115.1** Getty Images Plus (alessandro0770), München; **117.1** Thinkstock (iStockphoto), München; **117.2** Fotolia.com (Zlatan Durakovic), New York; **117.3** Adobe Stock (Noppasinw), Dublin; **117.4** Getty Images Plus (Manu1174), München; **117.5** Adobe Stock (philipk76), Dublin; **117.6** Adobe Stock (Thomas Jablonski), Dublin; **120.1** Adobe Stock (GM Photography), Dublin; **120.2** Getty Images Plus (MichaelUtech), München; **120.3** Fotolia.com, New York; **123.1** Imago (Olaf Döring), Berlin; **123.2** Fotolia.com (nmann77), New York; **123.3** Adobe Stock (Sebastian Grote), Dublin; **123.4** Adobe Stock (Bild in motion), Dublin; **123.5** Adobe Stock (Waldteufel), Dublin; **123.6** Adobe Stock (JS), Dublin; **124.2** iStockphoto (justhavealook), Calgary, Alberta; **124.3** Alamy stock photo (Bernd Mellmann), Abingdon, Oxon; **125.1** Adobe Stock (Fotolyse), Dublin; **125.2** Adobe Stock (Gabriele Rohde), Dublin; **125.3** Picture-Alliance (Horst Helbing/Naturbild), Frankfurt; **125.4** Adobe Stock (ScullyPictures), Dublin; **126.2** ddp images GmbH (Norbert Hohn), Hamburg; **126.3** ddp images GmbH (Norbert Hohn), Hamburg; **127.1** Fotolia.com (Visions-AD), New York; **127.2** Adobe Stock (crimson), Dublin; **127.3** Adobe Stock (Kara), Dublin

Sollte es in einem Einzelfall nicht gelungen sein, den korrekten Rechteinhaber ausfindig zu machen, so werden berechtigte Ansprüche selbstverständlich im Rahmen der üblichen Regelungen abgegolten.